Band 5061

Falken ZDF
Fernseh-Begleitbuch

W0348244

zugeschaut und mitgebaut 2

Von und mit
Helmut Scheuer im Hobbykeller

FALKEN-VERLAG · NIEDERNHAUSEN/TAUNUS

Wer aufgrund der neuen Fernsehfolge – oder vielleicht des vorliegenden Buches – zu den neuen Freunden Helmut Scheuer's zählt, will vielleicht auch frühere Arbeiten und Bastelvorschläge von ihm kennenlernen. Es sei verwiesen auf das im gleichen Verlag früher erschienene Buch

zugeschaut und mitgebaut 1

Dieser Band beschreibt auf 96 Seiten anhand von über 200 Farb- und Schwarz-Weiß-Abbildungen die folgenden Projekte:

Schaukelmännchen – Wandbehänge – Granulatschmelzen – Bauernhof – Traktor – Wiege – Hundehütte – Schmelzbeschichten – Rolli – Netzgerät – Kugelspiel – Zotteltier – Stelzen.

Auch dieser Titel ist überall erhältlich, wo es Bücher gibt. Wer Beschaffungsschwierigkeiten hat, wende sich zur Weiterleitung seines Bestellwunsches an

FALKEN-VERLAG ERICH SICKER KG · Postfach 1120 · 6272 Niedernhausen/Ts.

ISBN 3-8068-5061-5

Fotos: Helmut Scheuer
Gesamtherstellung H. G. Gachet & Co., 6070 Langen bei Ffm.

8 7 6 5 4 3 2

Inhalt

Vorwort

In dem zweiten Buch beschreibt Helmut Scheuer, den Lesern weitgehend bekannt durch seine vielen Fernseh-Bastel-Sendungen „Zugeschaut und mitgebaut" und durch das in diesem Verlag erschienene erste Buch, ausführlich 13 neue originelle Basteleien.
Grundlage für die Zusammenstellung war auch hierbei wieder die gleichnamige Fernsehsendung des Zweiten Deutschen Fernsehens.
Die Beschreibungen und die zahlreichen Abbildungen erläutern leicht nachvollziehbar die Bastelvorgänge und machen auch dem Anfänger das Nachbasteln leicht, selbst wenn er die Sendungen nicht gesehen hat. Alle Basteleien sind für die ganze Familie gedacht. So eignen sich die Kronenkorken-Figuren und das Modellieren hervorragend für die Kleinen. Die Fernsteuerung, der Nistkasten und der Flughafen werden größere Kinder begeistern. Aus rein technischen Gründen sollten sich an den Holländer Erwachsene, in unserem Fall eben die Eltern wagen. Viele Bastelvorschläge werden als Geschenke, aber auch als stabiles und formschönes Spielzeug sowie als Raumschmuck sicher Abnehmer finden. Es geht aber nicht allein darum, preiswerte oder nützliche Gegenstände zu basteln, sondern um eine sinnvolle Beschäftigung mit schönen und praktischen Dingen in unserer mehr als hektischen Zeit. Nahezu alle Arbeiten fördern zudem das Gefühl für Formen, Kreativität und auch die eigene Aktivität.
Die angegebenen Materialien sind einfach zu verwenden, keineswegs aufwendig, zum größten Teil äußerst preisgünstig und leicht zu beschaffen. Alle Werkstoffe und Geräte gibt es in der empfohlenen Art im Fachhandel, bei den Hobby-Abteilungen der Kaufhäuser oder in den Bauhaus-Niederlassungen, die auch Holz nach gewünschten Maßen zuschneiden.
Beachten sollte man, daß billiges Material nicht immer auch das preiswerteste ist. Besonders beim Werkzeugkauf sollte man sich stets für das vielleicht etwas teuerere, aber letztlich doch strapazierfähigere Qualitätswerkzeug entscheiden.
Sollten dennoch bei der Material- und Werkzeugbeschaffung oder bei der Herstellung Schwierigkeiten auftreten, wollen wir Ihnen unter der Anschrift „Zugeschaut und mitgebaut", ZDF, Postfach 4040, 6500 Mainz, gerne versuchen zu helfen. Bitte legen Sie Ihrer Anfrage einen frankierten und mit Ihrer Adresse versehenen Briefumschlag bei.

Funkfernsteuerung

Bild 1

Funkferngesteuerte Flug- oder Fahrzeugmodelle sind ein faszinierendes Hobby. Besonders ferngesteuerte Schiffs- und Flugzeugmodelle werden immer beliebter – und das nicht nur bei Kindern.

Viele scheuen allerdings die nicht ganz billige Anschaffung einer Funkfernsteuerung. Dazu ist zu sagen, daß eine solche Fernsteuerung – vorausgesetzt, sie geht nicht zu Bruch – jahrelang in den verschiedensten Modellen verwendet werden kann. Zudem sind Elektronikkenntnisse nicht erforderlich, und zum Zusammenbau benötigt man nicht einmal einen Lötkolben. Wir wollen nun einmal zeigen, wie eine Funkfernsteuerung funktioniert.

Da haben wir zunächst einen Sender mit Antenne und eingebauter Batterie. Dieser Sender ist an der Oberseite mit übersichtlich angeordneten Bedienungshebeln ausgestattet. Das Gegenstück zum Sender ist der Empfänger. Er wird mit seinen Funktionselementen im Fahrzeug eingebaut (Bild 1). Sender und Empfänger gibt es im Fach- und Hobbygeschäft zu kaufen. Erfreulich ist bei dieser neuen Fernsteuerung, daß diese Frequenz (27 MHz) postgenehmigungsfrei ist. Eine entsprechende Urkunde liegt dem Sender bei.

Wie das Steuern vonstatten geht, zeigt unser Funktionsschema (Bild 2).
Die vom Sender ausgestrahlten Impulse gelangen über die Antenne (Bild 2, AS) zu der Antenne des Empfängers (Bild 2, AE). Dort werden sie verstärkt und gelangen dann über den Kanalverteiler (Bild 2, b) zu den Servoelementen wie Steuereinheit (Bild 2, e) und Umpoler (Bild 2, f).
Beispiel: Diese Kanalverteilung ist etwa vergleichbar mit den Rundfunk-Stationen eines Radioempfängers. Der Fachmann weiß, daß die Informationen allerdings nur über eine Frequenz gehen.
Nehmen wir einmal an, wir steuern den Kanal 5 an. Der Kanalverteiler gibt den Impuls vom Steuerhebel 1 (zwei Steuerhebel sind vorhanden), Stellung a, nur nach oben zum Servoelement (Bild 2, e) und schiebt es nach a. Bei Hebelstellung b zieht auch die Steuereinheit nach b, ein Kanal hat also zwei Steuerwege.
Wird der Steuerhebel 1 zum Beispiel nach links gelegt, steuern wir den Kanal 6 an. Der Impuls geht nun über den Kanalschalter nur nach unten zum Umpoler (Bild 2, f). Er polt den Strom der Batterie (Bild 2, g) so um, daß der Motor (Bild 2, h) dann rechts oder links herum läuft, je nachdem ob der Steuerhebel auch nach rechts oder links gelegt wird. Auf diese Weise schafft die Anlage sechs Servoelemente dieser Art mit 12 verschiedenen Steuermöglichkeiten.

Bild 2

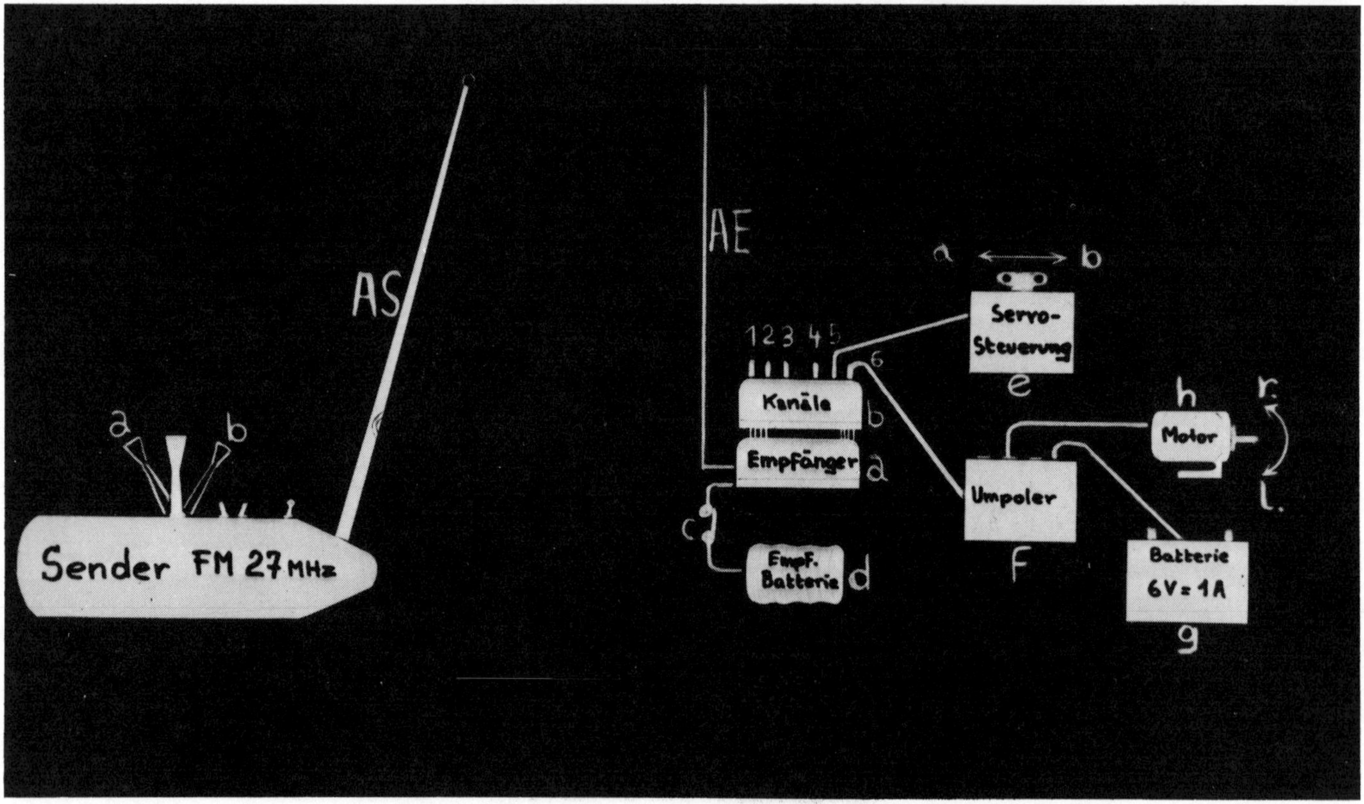

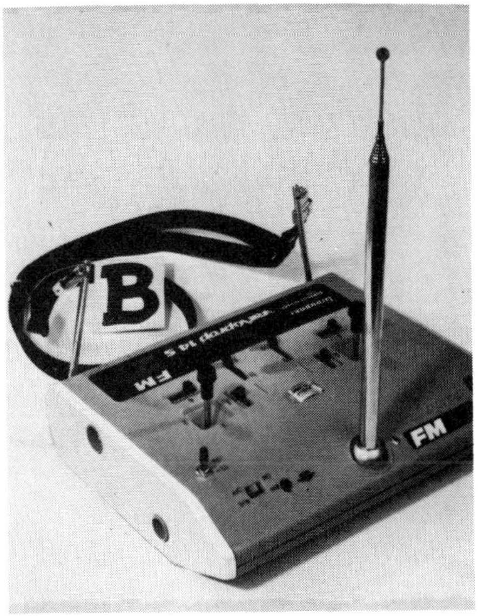

Bild 3

Bild 3 zeigt einen Sender mit seinen Steuerhebeln, der Antenne und einem Gurt zum Umhängen (Bild 3, B).

Auf Bild 4 ist der Empfänger (Bild 4, a) mit seiner Batterie (Bild 4, d) und einem Schalter (Bild 4, c) zu sehen. Am Empfänger angeschlossen ist die Empfangsantenne (Bild 4, AE). Der Kanalschalter oder Decoder, wie er richtig heißt (Bild 4, b – oben), wird einfach auf den Empfänger aufgesteckt. Auch alle anderen Teile werden durch Kabel mit Steckern miteinander verbunden. Auf den gewünschten Kanal wird die Steuereinheit (Bild 4, e) gesteckt. Das ermöglicht ein Steuern des Flug- oder Fahrmodells nach links oder rechts. Soll der Motor außerdem noch schneller beziehungsweise langsamer laufen, wird der Umpoler durch einen Fahrtenregler (Bild 4, f) ersetzt. Nun kann auch die Laufgeschwindigkeit des Motors mit dem Bedienungshebel gesteuert werden. Die Drehgeschwindigkeit ändert sich, je nachdem wie weit man den Hebel vor oder zurück bewegt.

Wer sich zum ersten Mal mit einer Funkfernsteuerung befaßt, sollte sie nicht gleich an einem teueren Flugzeug- oder Schiffsmodell ausprobieren. Geeigneter ist hierfür ein einfaches Fahrmodell. So kann man am besten herausfinden, wie das Modell auf die Fernsteuerung reagiert und wie überhaupt die einzelnen Teile des Empfängers im Modell angeordnet werden müssen. Auf diese Weise kann man soviel Erfahrung sammeln, daß man die Fernsteuerung schließlich auch in einem wertvolleren Modell einbauen kann.

Bild 4

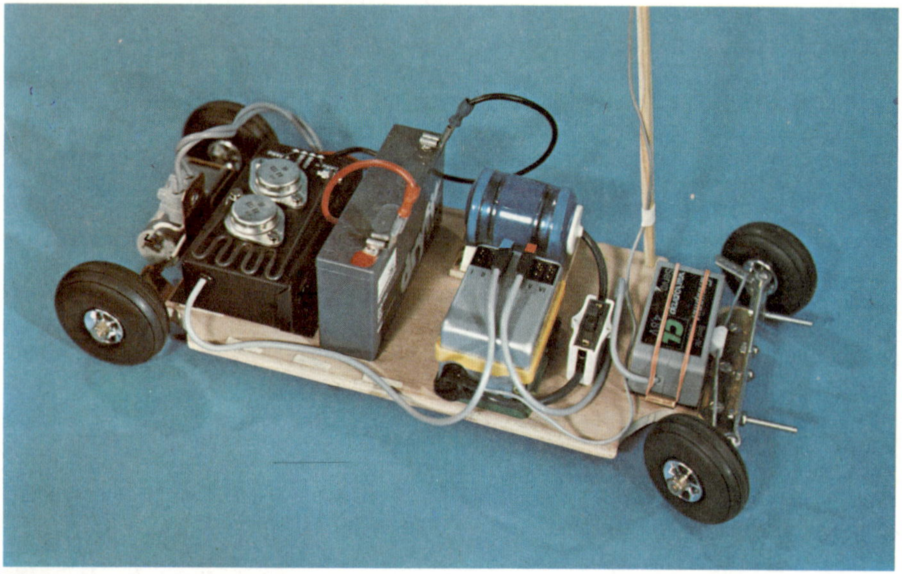

Bild 5

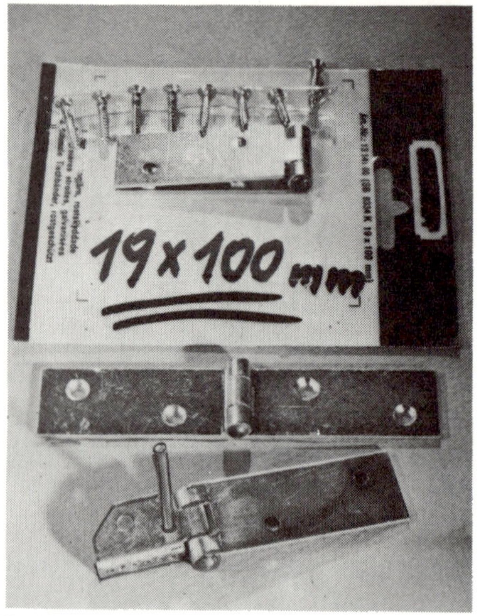

Bild 6

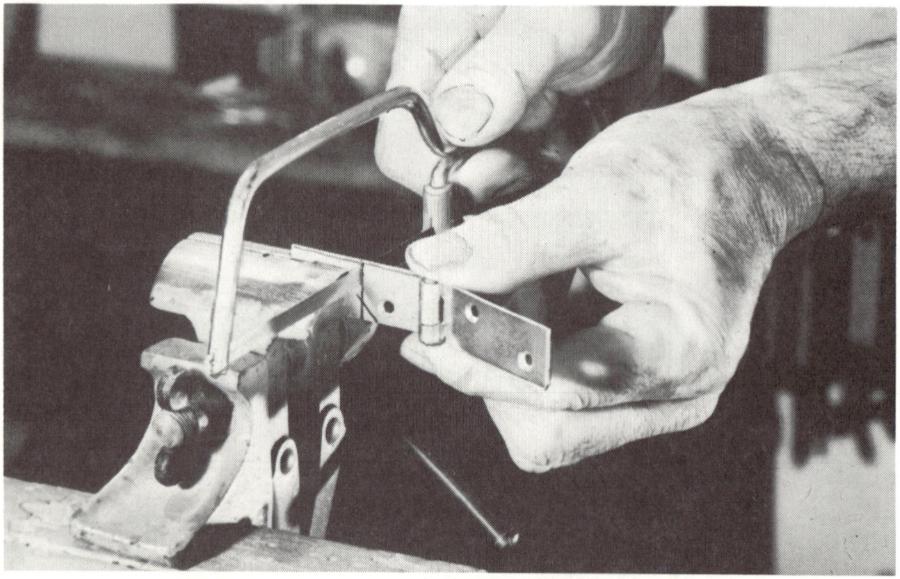

Wir wollen hier ein solch einfaches kleines Fahrzeug basteln, an dem wir die Funkfernsteuerung erstmals ausprobieren können (Bild 5).
Zunächst brauchen wir zwei Scharniere, sogenannte Tischbänder, in der Größe 19 x 100 mm, aus denen die Steuerung des Fahrzeugs gebaut werden soll (Bild 6). Von diesen Scharnieren werden die gleichen Schenkel auf 20 mm gekürzt (Bild 7). Das ist wichtig, denn aus diesen Teilen werden das rechte und das linke Radachsgelenk gemacht.

Bild 7

Hat die Rolle zuviel Spiel, wird sie exakt beigezogen. Man spannt die Scharniere zu diesem Zweck in einem Tisch-Schraubstock ein (Bild 8).

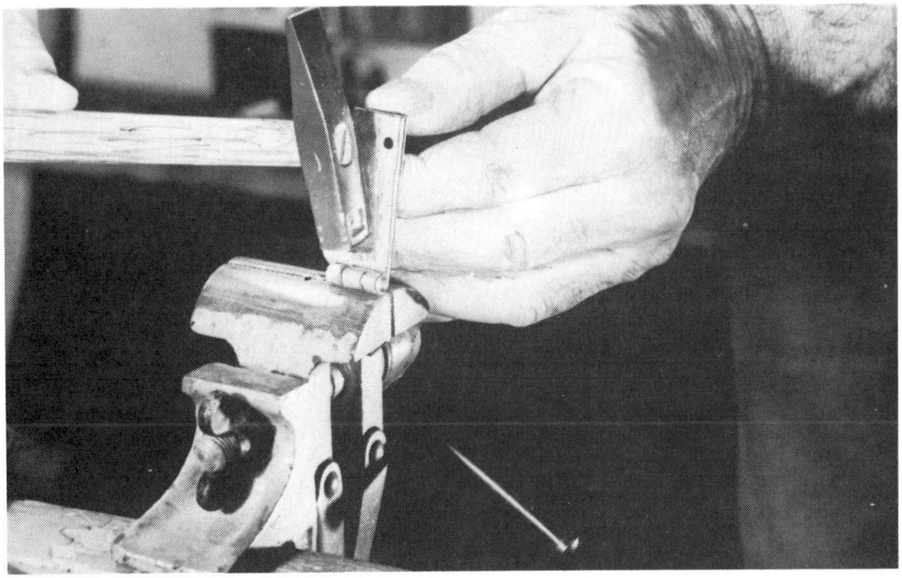

Bild 8

Das obere Drittel des Schenkels wird gegen die Rolle hin umgebogen. Damit der Schraubstock beim Festspannen parallel zieht, spannt man das abgesägte Scharnierstück mit ein (Bild 9). Zum Umbiegen wird ein kleiner Hammer zu Hilfe genommen, damit die Rolle nicht beschädigt wird.

Bild 9

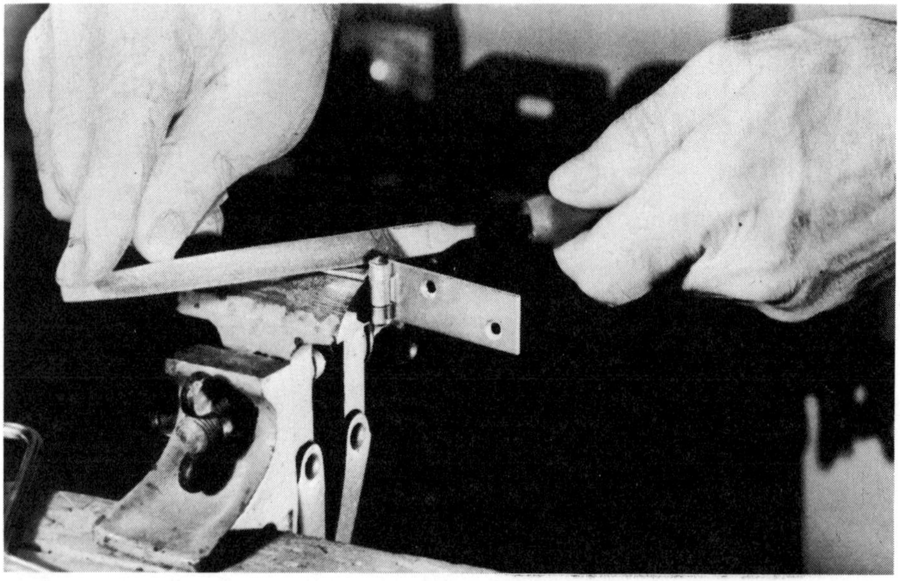

Die umgebogene Oberseite wird mit einer Feile geglättet (Bild 10).

Bild 10

Nun wird die Mittellinie eingezeichnet und im Abstand von 3 mm zunächst angekörnt (Bild 11), dann gebohrt. Diese Bohrung muß so stark sein, wie der Spur- oder Steuerstab dick ist, der später eingesteckt wird. Die vielen Bohrungen sind notwendig, damit später durch Versetzen der Spur- oder Steuerstäbe der Steuerwinkel verändert werden kann.

Bild 11

Nun wird auch die Achsbohrung (entsprechend dem Radachsdurchmesser) angekörnt und dann 3 mm gebohrt (Bild 12). Beim Bohren legt man das Scharnier auf eine Unterlage und hält es mit der Zange fest. Die Achsbohrung wird zum besseren Verlöten leicht angesenkt. Nun nimmt man ein Holzstückchen, bohrt ein entsprechendes Loch und steckt die Achse, am besten ein Rundmessingstäbchen, hinein. Das Klötzchen wird in den Schraubstock gespannt (Bild 13). Auf diese Weise kann die Achse sauber mit dem Scharnier verlötet werden. Die Lötstelle muß sehr heiß werden und das Zinn gut verlaufen (Bild 14). Auf die gleiche Art kann man auch stärkere Scharniere bearbeiten, um größere Fahrzeuge zu bauen.

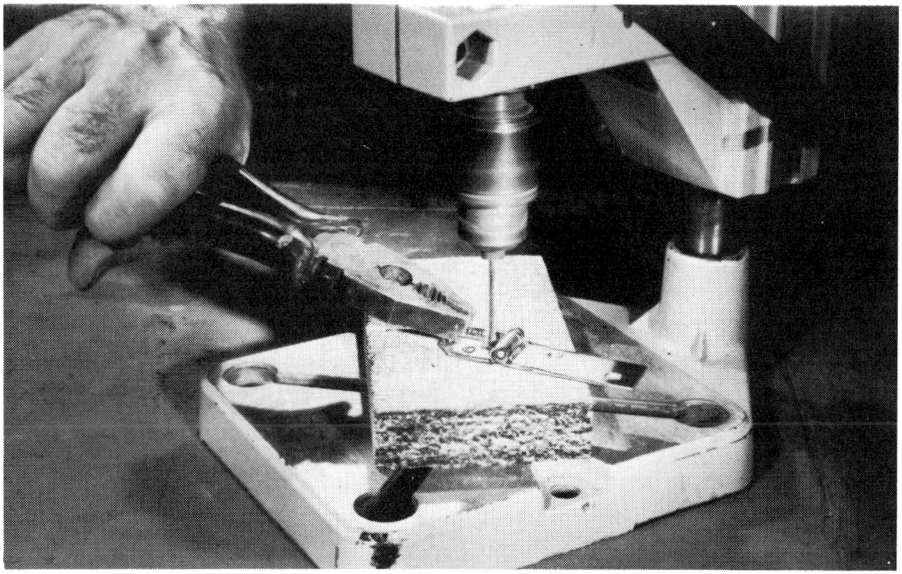

Bild 12

Bild 13

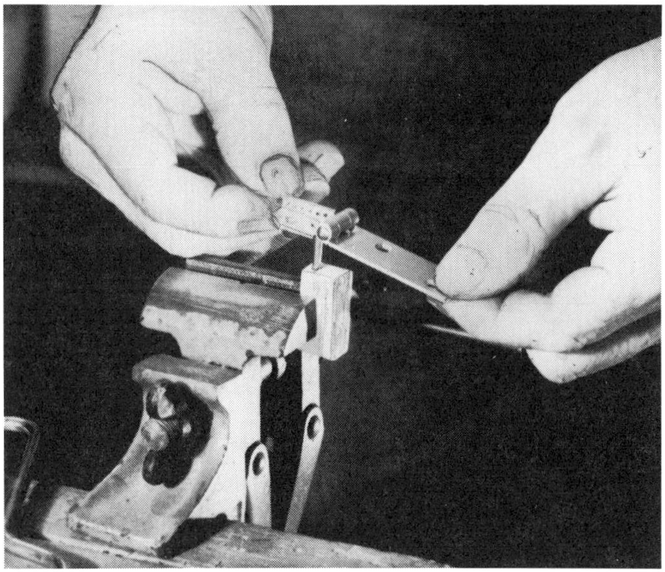

Bild 14

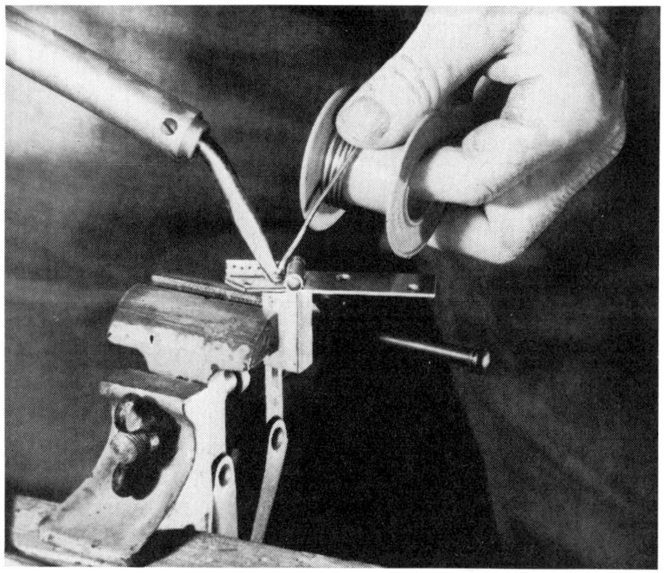

Auf die Achse wird jetzt ein Rad gesetzt (Bild 15). Es ist ebenso wie der Stellring (Bild 15, a) als Modellbauzubehör zu kaufen. Ein Stellring ist jedoch auch leicht selbst herzustellen, indem man eine Lüsterklemme aus ihrer Plastikisolierung herausnimmt (Bild 15, b) und durchsägt. Ein Stellring wird zwischen Rad und Scharnier, ein zweiter auf das Achsende aufgesteckt und festgeschraubt. Damit ist das linke Radachsgelenk des Fahrzeuges fertig. Das rechte wird entsprechend angefertigt. Zu beachten ist hierbei, daß das Scharnier nach der entgegengesetzten Seite umgebogen werden muß. Achtung: Wir müssen ein rechtes und ein linkes Radachsgelenk machen.

Bild 15

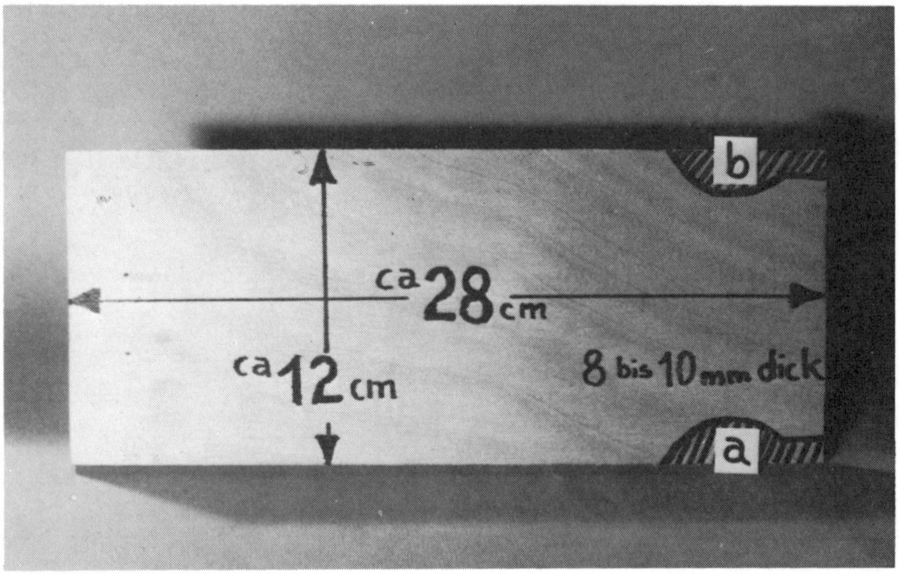

Die Maße des Grundbrettes, auf das der Empfänger aufgebaut wird, richten sich nach den Abmessungen der Fernsteuerungselemente. Für uns genügt ein Maß von 12 x 28 cm (Bild 16). Die schraffierten Flächen (Bild 16, a und b) werden ausgesägt, damit die Räder richtig einschlagen können.

Bild 16

Bild 17 zeigt, wie an einem aufgeschraubten Blechwinkel (Bild 17, b) nun die Achsgelenke befestigt werden (Bild 17, a). Spur- oder Steuerstäbe biegen wir aus verzinktem Draht (Bild 17, c).

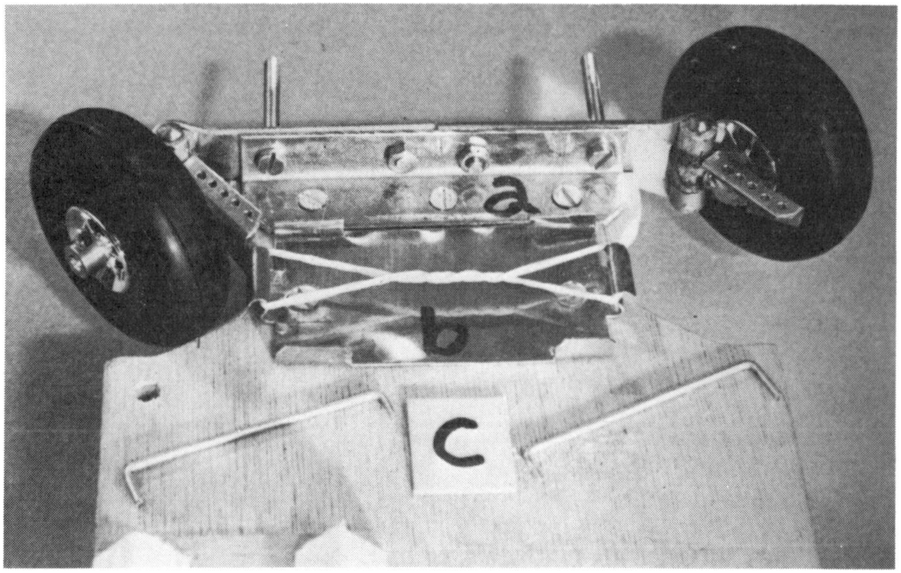

Bild 17

Auf der Blechhalterung wird das Steuerelement durch einen Gummiring gehalten (Bild 18). Die Abbildung zeigt das Fahrzeug von vorn.

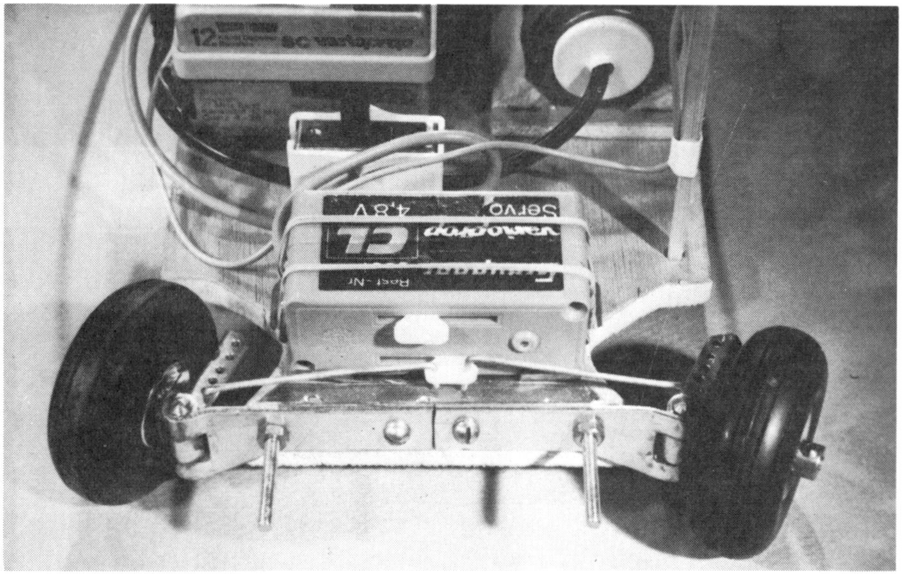

Bild 18

Ein anderes Problem ist die Verbindung vom Motor zur Antriebsachse. Bei diesem kleinen Fahrzeug war das einfach zu lösen. Hier haben wir die Achse ins Rad eingeklebt und die Verbindung mit einer Lüsterklemme gemacht (Bild 19, c).
Die Halterung für den Motor haben wir den Befestigungsmöglichkeiten entsprechend aus Messingblech ausgeschnitten, gebohrt und zusammengelötet (Bild 19, a). Das Radlager (Bild 19, b) (nur ein Rad wird angetrieben) ist ein Blechstreifen mit aufgelöteter Achse. Ein Blechwinkel hält die Lüsterklemme für die Verbindungskabel (Bild 20).
Die einzelnen Teile des Empfängers können nun auf dem Fahrzeug aufgebaut werden. Dafür wird auch eine Halterung für die Empfängerbatterie gebraucht. Wir bauen sie aus einem quadratischen Holzbrettchen, auf das links und rechts zwei Dreikanthölzchen aufgeleimt werden. Das ganze wird auf dem Grundbrett aufgeklebt (Bild 20).
Sind nun alle Empfängerteile auf dem Grundbrett befestigt, werden die Spur- oder Steuerstäbe am Servoelement und links und rechts in die kleinen Bohrungen der Scharnieren eingehängt (Bild 18).

Bild 19

Bild 20

Bei größeren Fahrzeugen muß die Motorachse entlastet werden (Bild 21, f).
Ein Messingröhrchen wird angebohrt und zwei Messingmuttern aufgelötet, dadurch entsteht praktisch eine große Lüsterklemme, die Achse und Motor verbindet. Ein durchbohrter Blechwinkel (Bild 21, f) als zusätzliches Drucklager entlastet die Motorachse. Am Ende der Radachse, die zum Motor führt, wird ein gebogenes Blechstückchen aufgelötet, das zwischen die Radspeichen eingreift (Bild 22). Die Achse muß also nicht wie beim kleinen Fahrzeug in das Rad eingeklebt werden.
Die Achse des freilaufenden Rades wird einfach durch ein vorgebohrtes Holzklötzchen gesteckt (Bild 21, g).

Bild 21

Bild 22

Nach Einbau aller Fernsteuerungselemente kann das Fahrzeug jetzt noch eine Karosserie aus Balsaholz oder Karton erhalten. So kann beispielsweise ein Oldtimer daraus werden, der nun mit Hilfe des Senders ferngesteuert werden kann.
Wer mit diesem einfachen Erfahrung gesammelt hat, kann sich daran wagen, auch wertvollere Modelle mit einer Funkfernsteuerung zu versehen, beispielsweise einen Fischkutter (Bild 24) oder einen Hubschrauber (Bild 23).

Bild 23

Bild 24

Verwendete Fernsteuerung: Fabrikat Graupner/Grundig. Sender Varioprop 14S. Empfängerteile ebenfalls aus der Varioprop-Serie.

Nistkasten

Bild 1

Nistkästen sind ein wertvoller Beitrag zum Vogel-, Natur- und Umweltschutz.
Wer in seinem Garten einige Nistkästen aufhängt, wird weniger über madiges Obst oder zerfressenes Gemüse klagen, denn die Vögel halten den Garten weitgehend von Schädlingen frei. Von einem solchen Nistkasten haben wir aber nicht nur einen Nutzen, sondern er wird uns sicher viel Freude bereiten, wenn aus ihm eine Schar junger Vögel ausfliegt.
Bild 1 zeigt einen solchen Nistkasten, und zwar einen vom Deutschen Bund für Vogelschutz empfohlenen ,,Rothenberger" Meisenkasten. Er ist an Dach und Rückseite mit einer gesandeten Dachpappe abgedeckt.

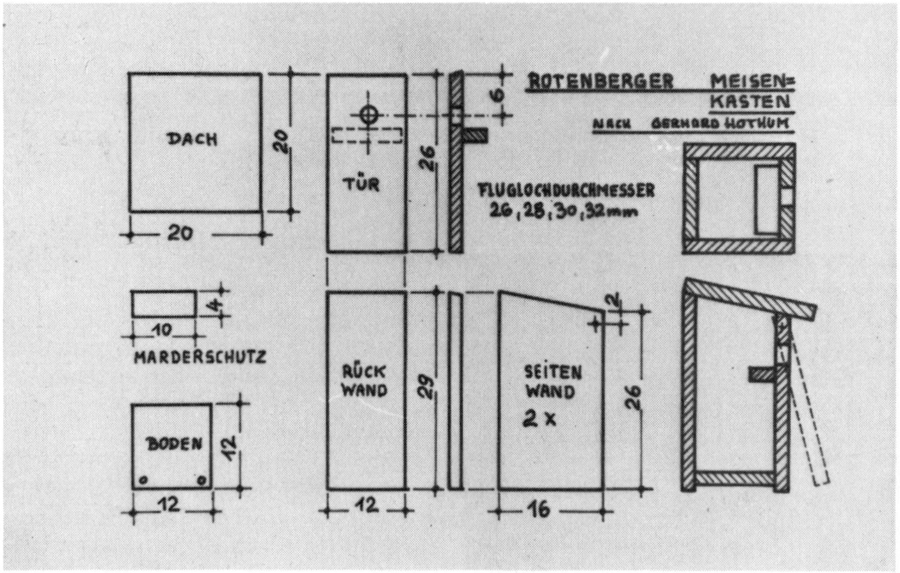

Bild 2

Auf Bild 2 sind die erforderlichen Einzelteile gezeichnet. Diese schneiden wir aus einem trockenen, ca. 1,60 m langen und 16 cm breiten Fichtenbrett aus, das auf einer Seite gehobelt ist. Auf der gehobelten Seite zeichnen wir die einzelnen Teile auf. Die Aufteilung des Brettes zeigt Bild 3. Die Seitenwände müssen so ausgeschnitten werden, daß die glatten Flächen außen bleiben. Die 16 cm breiten Seitenteile sind hinten 29 cm und vorn 26 cm hoch; dadurch ergibt sich die Schräge des Daches. Das Flugloch wird etwa im oberen Viertel der Vorderseite angebracht und sollte für Meisen etwa 28 bis 32 mm groß sein. 12 x 12 cm ist die Bodenfläche groß. Wir schneiden diese in der Größe von 12 x 11,7 cm zu; der Spalt von 3 mm dient als Lüftung. Das Dach ist 20 cm breit und kann bis zu 25 cm lang sein.

Bild 4

Auf einem Arbeitsbrett schneiden wir Vorder- und Rückseite zu (Bild 4). Wie das Bild zeigt, wird beides nach dem Anzeichnen schräg ausgeschnitten: Zuerst gerade ansetzen und dann schräg schneiden.

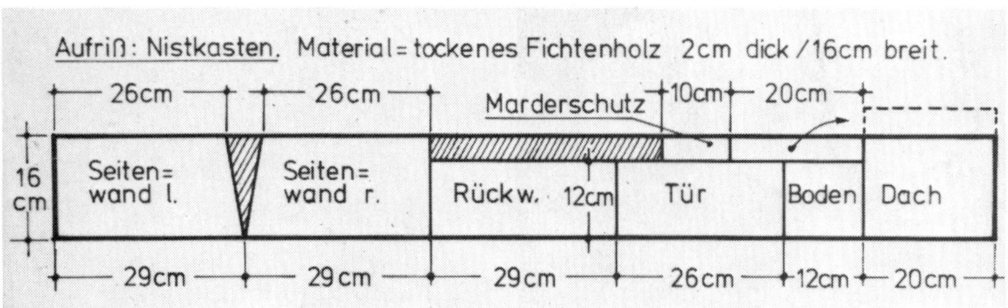

Bild 3

Als nächstes nageln wir Rückwand und Seitenteile zusammen (Bild 5).

Bild 5

Nun setzen wir den Boden ein (Bild 6), wobei wir 3 mm als Lüftung freilassen.

Bild 6

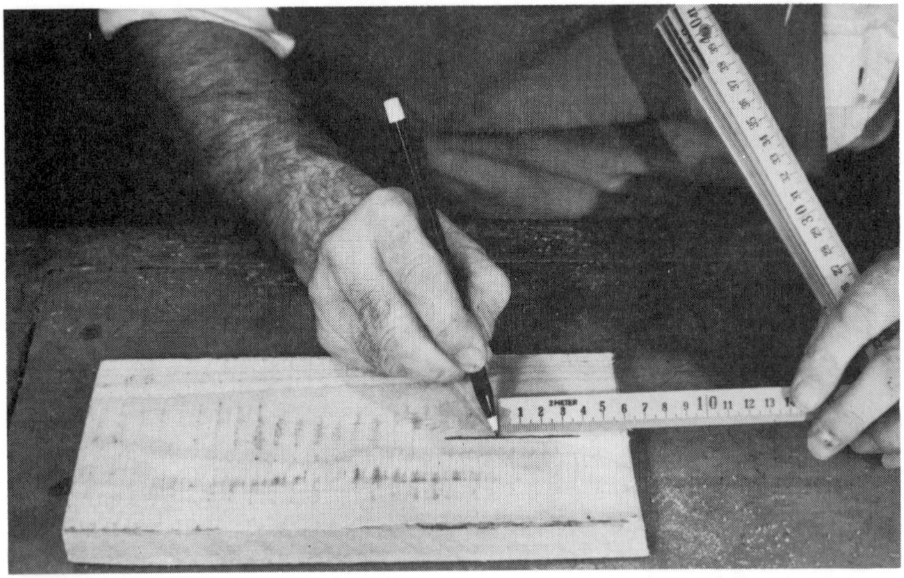

Das Flugloch zeichnen wir nun 6 cm von oben und mit dem gewünschten Durchmesser auf (Bild 7).

Bild 7

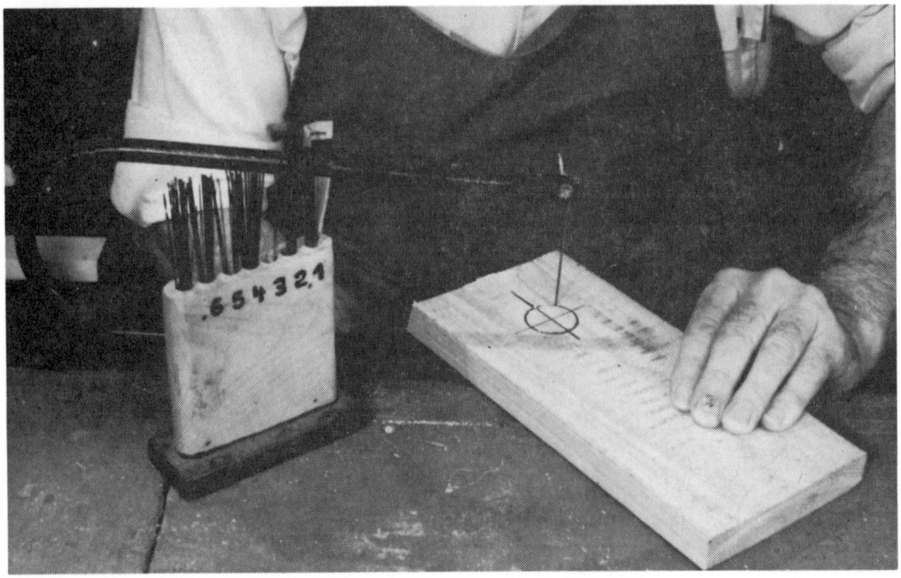

Wir bohren es an und schneiden es mit einer Laub- oder Stichsäge aus (Bild 8).

Bild 8

Bild 9

Bild 10

Da sich Marder gerne die Brut aus Nistkästen holen, sollte ein Marderschutz angebracht werden. Dieser wird etwa 1 cm unterhalb des Flugloches angenagelt (Bild 9). Dieses Holz ist ein einfacher, aber sehr wirksamer Schutz vor den Pfoten des Marders.
Damit sich die Vorderseite aufklappen läßt, bohren wir auf jeder Seite ein Loch vor (Bild 10) und schlagen einen Nagel ein (Bild 11).

Bild 11

Bild 12 veranschaulicht, wie sich die Vorderseite aufklappen läßt.

Bild 12

Ein umgebogener Nagel bildet den Verschluß der Vorderseite (Bild 13).

Bild 13

Bild 14

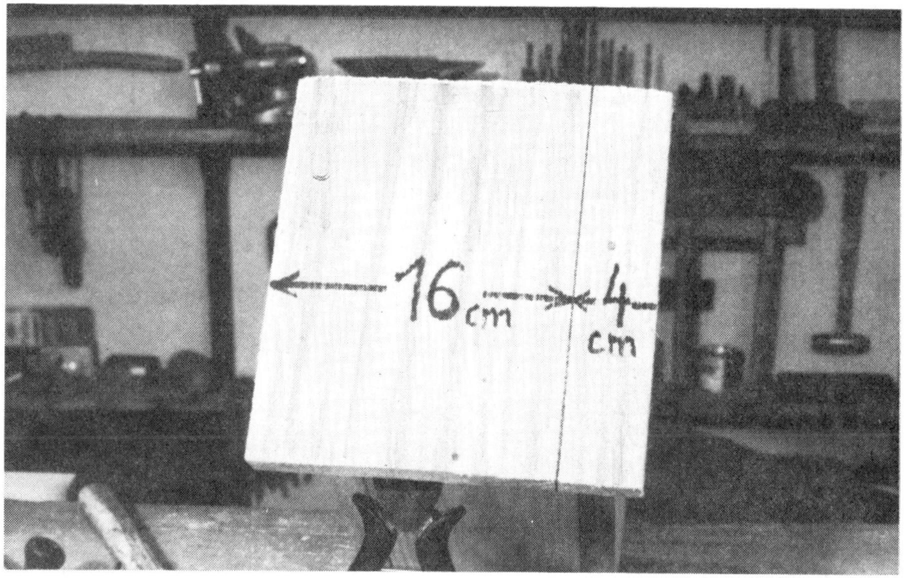

Bild 15

Zum Schluß wird das Dach, das sich aus der Brettbreite und dem Abschnitt der Seitenwände zusammensetzt, aufgenagelt (Bild 14 und 15).
Um den Nistkasten vor Witterungseinflüssen zu schützen, sollten wir ihn von außen mit einem Holzschutzmittel anstreichen und zusätzlich Dach und Rückwand mit Teerpappe abdecken.
Mit einem durchgehenden Drahtbügel (Bild 16) oder an zwei Krampen und einem Drahtbügel (Bild 17) wird dann der Meisenkasten aufgehängt.

Bild 16

Der Kasten wird so am Baum befestigt, daß das Flugloch nach Südosten gerichtet ist (Bild 17).

Vor Beginn der Brutzeit, etwa im Februar/März, wird der Kasten nachgesehen und gereinigt.

Wer sich intensiver mit Vogelschutz befassen möchte, erhält umfassende Information und Beratung vom Deutschen Vogelschutzbund. Auch ein örtlicher Vogelschutz-Verein erteilt hier gerne Auskunft, vielleicht gibt es einen solchen an Ihrem Heimatort.

Bild 17

Karussell

Die Herkunft des Karussells ist ungewiß. Diese Rundbahn mit Holzpferden und Fahrsitzen, die heutzutage in der Regel durch einen Elektromotor in Drehung versetzt wird, ist eine allseits beliebte Volksbelustigung. Leider wurde das Karussell im Zeitalter der Elektronik immer mehr von modernen und rasanten Anlagen verdrängt. Dennoch findet man heute immer noch alte Karussells mit hübschen Figuren, und auch Kettenkarussells, die nach wie vor ihre kleinen Fahrgäste begeistern.

Bild 1

Wir wollen hier ein Puppen-Karussell (Bild 1), das durch eine Handkurbel angetrieben wird, bauen. Sicher wird es uns und den Puppenkindern viel Spaß bereiten.

Als Material verwenden wir fertig geschnittene kleine Hölzer, die es als Bauholzpackungen (Bild 2) zu kaufen gibt. Sie enthalten neben Hölzern von unterschiedlicher Breite und Länge auch je zwei Tuben Holzleim zum Zusammenbauen (Bild 2, a). Ferner gibt es Packungen mit Rädern, Lagern und Achsen (Bild 2, b). Als Material wurde hier Abachi-Holz verwendet. Durch seine große Saugfähigkeit bindet der Holzleim schon bei leichtem Anpressen sehr schnell ab, so daß man damit schnell und zügig arbeiten kann.

Bild 2

Bild 3

Bild 4

Aus der Werkpackung suchen wir uns die zum Bau des Karussells erforderlichen Hölzer und Räder aus und legen sie uns zurecht. Damit das Karussell fest steht, erhält das Unterteil eine stabile Bodenkonstruktion. Die vier Hölzer (je 3 cm breit und 12 cm lang) werden zu einem Kreuz mit weißem Holzleim zusammengeleimt (Bild 3). Für die Klebearbeiten auf dem Tisch sollte man eine Unterlage aus Kunststoff verwenden.
Unter die Enden der vier Hölzer werden kleine quadratische Holzklötzchen geleimt (Bild 4). Genau in die Mitte des Kreuzes leimen wir ein Holzrad auf, dessen Bohrung uns später zum zentrischen Aufbau dienlich ist.
Auf die 1,5 cm breiten und 10 cm langen Seitenstreben (Bild 5, a) des Drehscheibenlagers kleben wir kleine Distanzklötzchen (Bild 5).
Um nicht bohren zu müssen, kleben wir die Lagerstrebe aus Einzelteilen zusammen (Bild 5, a und b). Die Teile mit der Bohrung sind im Räderkarton enthalten. Sie dienen in diesem Fall als Lager für die Holzwellen. In das Holzrad wird ein Rundstab gesteckt, auf den in 10 cm Höhe ein zweites Rad ohne Leim aufgesteckt wird.
Bild 6 zeigt, wie die vier Seitenstreben festgeleimt werden. Dann spannen wir einen Gummiring darum, bis der Leim abgebunden hat. Durch das Loch der fünften Strebe wird später die Antriebswelle geführt.

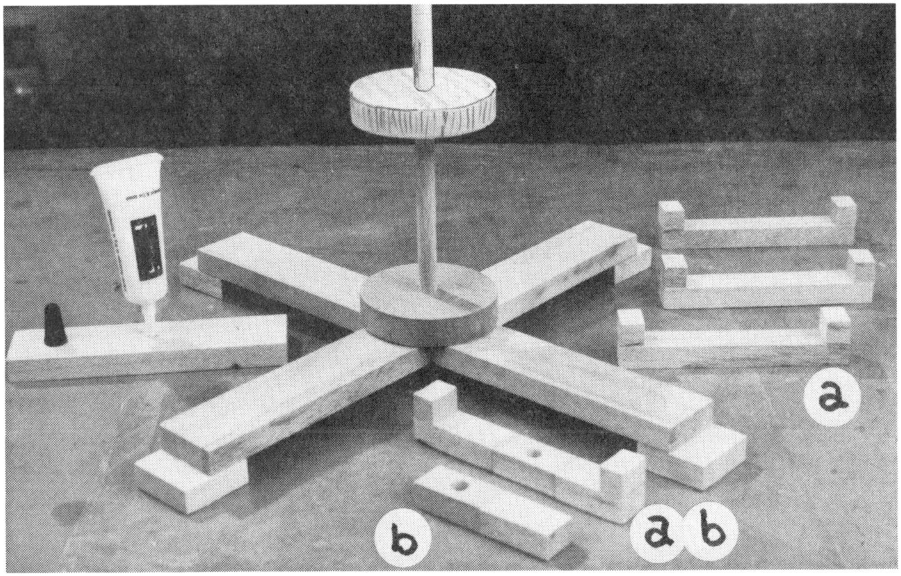

Bild 5

Bild 6

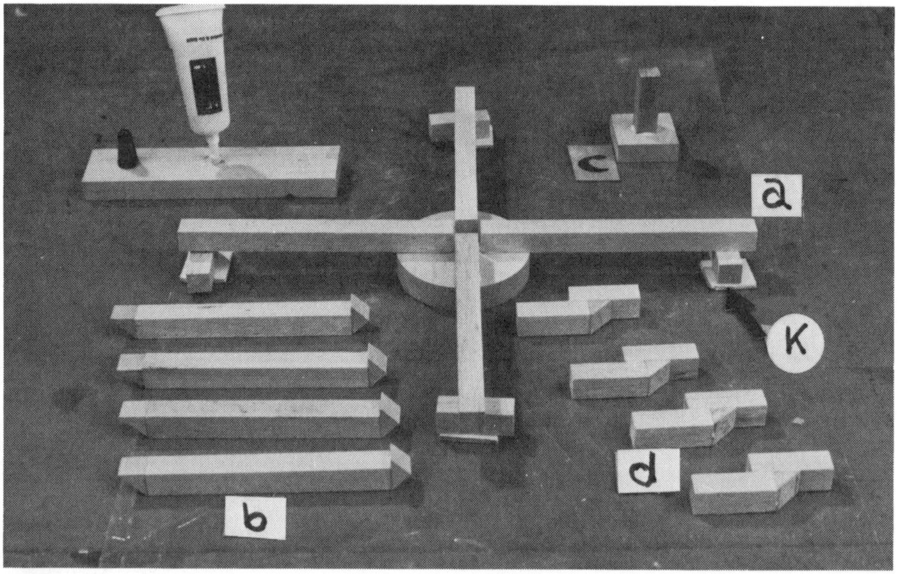

Bild 7

Die Einzelteile für das auf dem Unterteil aufliegende obere Drehkreuz (Rotor) zeigt Bild 7.

Auf ein Holzrad werden 1 cm breite und 12 cm lange Vierkanthölzer (Bild 7, a) aufgeleimt. Da das Holzrad etwas dicker ist, gleichen wir die Höhe mit Kartonstückchen aus (Bild 7, K). Die Hölzer müssen dabei so ausgerichtet werden, daß die Bohrung des Holzrades frei bleibt. An die 9 cm langen Rotor-Kreuz-Stützen werden Dreieckshölzchen geleimt (Bild 7, b).

Diese werden auf das Kreuz geleimt (Bild 8). Als Aufbauhilfe wird eine Achse (Bild 8, a) eingesteckt. Dadurch entsteht dort, wo die Hölzer zusammenstoßen, eine horizontale Auflage für die Spitze. Einen Zentimeter vom Ende der Kreuzhölzer werden Aufhängehölzchen (3 cm lang) zum Einhängen der Ketten angeleimt (Bild 8, Ak).

Bild 8

Bild 9

Bild 10 *Bild 11*

Nun wird die Spitze (Bild 7, c) aufgeleimt (Bild 9).
Die Welle wird leicht angespitzt und in das Gummiantriebsrad (Türstopper) gesteckt (Bild 10, h). Vor das Gummirad schieben wir zuvor eine Distanzrolle (Bild 11). Das Gummirad sollte recht fest auf der Welle sitzen.
Auf das obere Holzrad werden die vorbereiteten Stützhölzer (Bild 10, d) aufgeleimt. An diese Hölzer werden gegenüberliegend je zwei Holzklötzchen geleimt. Auf diese setzen wir ein durchbohrtes Quadrathölzchen und leimen es fest; es dient später zur Führung der Achse. Die Distanzrollen werden mit der Laubsäge oder einem Taschenmesser aus Lagerstücken zugeschnitten (Bild 10, g). Zwei zusammengeleimte Lagerhölzer bilden das Ende der Antriebswelle. In sie werden der Kurbelgriff und die Antriebswelle eingeleimt (Bild 10, e und f). Damit sich die Welle (Bild 10, f) besonders leicht dreht, sollte man sie vor dem Einsetzen gut mit Kerzenwachs einreiben. Das Holzrad und das Quadrathölzchen bilden, durch die Stützen verbunden, die Lagerung für den sich drehenden Teil des Karussells. Damit es sich leicht drehen läßt, wird die Lagerung mit der Rundraspel erweitert (Bild 12). Diese Rundraspel (Bild 11, j) können wir aus Schmirgelpapier oder Glaspapier (Bild 11, h) und einer dünnen Welle (Bild 11, i) herstellen. Auf die Welle kleben wir das Schmirgelpapier und umwickeln sie bis zum Hartwerden des Klebstoffes mit einem Gummiring.

Bild 12

Nun kann die Achse eingeführt und in das Antriebsrad eingesteckt werden (Bild 13). Das Oberteil wird aufgesetzt und, wenn alles funktioniert, ebenso wie das Antriebsrad mit der Achse verleimt. Bild 14 zeigt nochmals eine Seitenansicht vom Antriebmechanismus. Das Hölzchen (Bild 14, s) stützt die Lagerstrebe.

Bild 13

Bild 14

Bild 15

Bild 16

Aus einem Quadrathölzchen, einem Dreikantholz (3 cm) als Lehne sowie zwei Dreikanthölzern links und rechts als Seitenteile werden die Sitze gefertigt (Bild 15). Mit einem Polsternagel werden die Ketten an den Seitenteilen befestigt (Bild 16). Nun hängen wir die Ketten ein, und die Karussellfahrt kann beginnen (Bild 17).

Da wir dieses leicht zu verarbeitende Baumaterial nun kennengelernt haben, können wir sicher ohne Mühe auch ein Motorrad (Bild 18), einen Hubschrauber (Bild 19), einen Schneepflug (Bild 20) oder ein Haus (Bild 21) bauen.

Die Bauholzpackungen sind im Hobbyhandel erhältlich. Hersteller ist der Was-Wie Verlag, 7821 Bernau/Schwarzwald.

Bild 17

Bild 18

Bild 19

Bild 20

Bild 21

Craquelé

Craquelé ist französisch und heißt „rissig". Die feinen Glasurrisse des Craquelé wurden bei Porzellan und Keramiken früher dadurch erzielt, daß man das gebrannte und glasierte Teil rasch abgekühlt hat. Besonders bei altchinesischem Porzellan wurde diese Oberflächenbehandlung sehr oft angewendet, da sie der Oberfläche ein kunstvolles Aussehen gab und die allmähliche Färbung der Risse eine Art Patina bewirkte.

Erst vor kurzer Zeit wurde dieses Craquelieren für den Heimwerker neu entdeckt. Die Industrie hat hierfür ein einfacheres Verfahren entwickelt. Mit dem Reißlack verleihen wir den Gegenständen ein antikes Aussehen (Bild 1). Heute kann man neben Steingut, Porzellan, Keramiken und Glas auch Holzoberflächen bearbeiten.

Bild 1

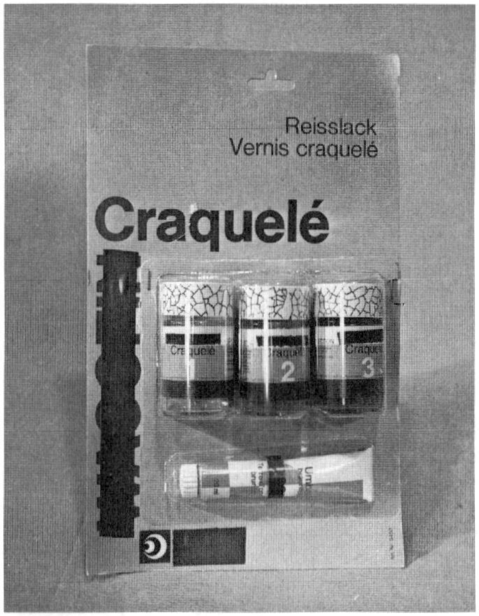

Bild 2

Der Reißlack wird in Werkpackungen angeboten. Darin sind der Grundierlack, Reißlack und Schutzlack sowie eine Tube Umbra zum Patinieren enthalten. Die Lacke sind numeriert von 1 bis 3 in der Reihenfolge ihrer Anwendung (Bild 2).

Vor dem Arbeitsbeginn sollte man sich unbedingt die Gebrauchsanweisung auf der Rückseite der Packung durchlesen und nachher auch befolgen. An einer kleinen, schon bemalten und trockenen Truhe wollen wir die Arbeitsvorgänge demonstrieren.

Auf die staub- und fettfreie Oberfläche wird der Grundlack (Nr. 1) mit einem weichen Pinsel aufgetragen (Bild 3). Keramik, Porzellan, Glas oder Metall sollte man zuvor in einem Geschirrspülmittelbad entfetten. Erscheint die erste Grundierung nicht gleichmäßig genug, kann nach gutem Durchtrocknen ein zweiter Anstrich aufgetragen werden. Die Rißstruktur ist abhängig von Zeit und Temperatur. Die Trockenzeit beträgt für große Risse 4 bis 8 Stunden, für feine Risse 12 bis 24 Stunden. Ist der Grundierlack trocken, wird nun der Reißlack (Nr. 2) aufgetragen (Bild 4).

Die Rißbildung kann schon nach einer Stunde beginnen. Je nach Temperatur entstehen ab 20 Grad feine Risse und ab 30 bis 35 Grad grobe Risse.

Ist die Rißbildung erfolgt, kann mit einem weichen Leinenlappen das Umbra aus der Tube aufgetragen werden (Bild 5). Bei dieser Arbeit sollte man sich stets einen Schutzhandschuh überziehen.

Nach etwa 12 Stunden (z. B. über Nacht) ist das Umbra trocken, und der Reißlack kann dann mit Wasser und Schwamm abgewaschen werden (Bild 6). Nun tritt die Rißbildung ganz deutlich hervor. Ist das Werk-

Bild 3

Bild 4

Bild 5

Bild 6

Bild 7

stück ganz trocken, kann nun zum Schluß der Schutzlack (Nr. 3) aufgetragen werden (Bild 7).
Bei Grundierlack Nr. 1 und Schutzlack Nr. 3 wird der Pinsel in Nitroverdünnung ausgewaschen. Hierbei darf man allerdings keine Plastikbecher verwenden, da sie von der Verdünnung aufgelöst würden. Bei Reißlack Nr. 2 kann der Pinsel einfach in Wasser ausgewaschen werden.
Zum Schluß noch einige Beispiele für die vielfältigen Möglichkeiten und die Originalität dieser Oberflächenbehandlung (Bild 8 bis 11).

Die Werkpackungen „Craquelé“ sind im Hobbyhandel erhältlich. Hersteller ist die Firma Wagner & Co., Postfach 283, 7030 Böblingen.

Bild 8

Bild 9

Bild 10

Bild 11

Drechseln

Bild 1

Drechseln ist ein Span abhebender Vorgang mittels Schneidwerkzeugen an rotierendem Material wie Holz oder Horn.
Jahrhundertelang stand das handwerkliche Drechseln in großer Blüte. Leider wurde es mehr und mehr durch moderne Fertigungsmethoden und Maschinen weitgehend verdrängt. Heute findet es bei den Heimwerkern und Hobby-Bastlern immer noch viele Freunde.
Die Möglichkeiten sind umfangreich und der erforderliche Werkzeugaufwand kann recht bescheiden sein (Bild 1). Viele sehen das Drechseln als eine schwierige Technik an. Wer sich jedoch einmal damit beschäftigt, wird erkennen, daß das Drechseln doch nicht so schwierig ist. Sie sollten es einmal versuchen, es wird Ihnen sicher viel Freude bereiten.

Einfach ist das Drechseln mit einer Elektro-Handbohrmaschine, wie wir es hier zeigen. Bild 2 zeigt, wie auf einem stabilen Grundbrett die Bohrmaschine auf einem Aufspannblock festgeschraubt wird (a). Den Spannteller mit Mittelschraube (b) haben wir uns im Fachhandel besorgt. Dieses praktische Hilfswerkzeug zum Drechseln wird im Bohrfutter eingespannt und das Rundholz aufgeschraubt.

Bild 2

Für die Bearbeitung des Holzes sind drei Grundarten von Handdrehstählen erhältlich: Abstechstahl (Bild 3, a), Formröhre (Bild 3, b) und Drehmeißel (Bild 3, c).

Bild 3

Der Stahl muß eine feste Auflage erhalten. Wir haben sie aus einer 12 mm starken Tischlerplatte selbst gebaut (Bild 4).
Das Auflagebrett ist in der Führung durch ein Langloch hoch und tief verstellbar. Es wird von einer 8 mm Schloßschraube mit einer Flügelmutter gehalten (Bild 5).
Als direkte Stahlauflage haben wir einen Schenkel von einem Gardinenleisten-Winkel aufgeklebt und aufgeschraubt (Bild 6, a). Die Herstellung der Stahlauflage und die Maße sind aus der Abbildung ersichtlich.

Bild 4

Bild 5

Bild 6

Bild 7

Man kann Dosen, Teller, Kerzenhalter und andere Kleinigkeiten drechseln (Bild 8 und 9). Wir wollen hier zeigen, wie man Schachfiguren drechseln kann (Bild 7).

Bild 8

Bild 9

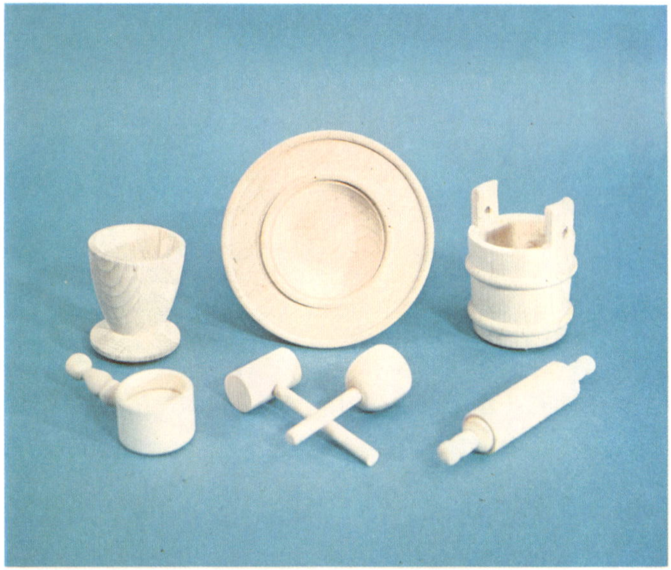

Als Rohmaterial für die Schachfiguren haben wir einen Besenstiel ausgewählt. Genau in der Mitte bohren wir ein Loch, damit das Holz auf dem Schraubdorn des Tellers festgeschraubt werden kann (Bild 10). Grundsätzlich kann man zum Drechseln alle Hölzer verwenden. Hartholz wie Buche und Eiche lassen sich sehr sauber bearbeiten. Ideal zum Drechseln ist Lindenholz. Die Auflagenhöhe wird so eingestellt, daß die Schneide nicht über der Mitte liegt, sondern eher etwas darunter. Wenn das Holz stärker faßt, zieht es die Schneide vom Holz weg. Ist die Auflagenhöhe zu hoch, reißt der Stahl das Holz ein.

Bild 10

Nun kann man mit der Formröhre vorschruppen. Die Stahlauflage soll dabei so dicht als möglich vor dem zu drechselnden Holz liegen (Bild 11).

Bild 11

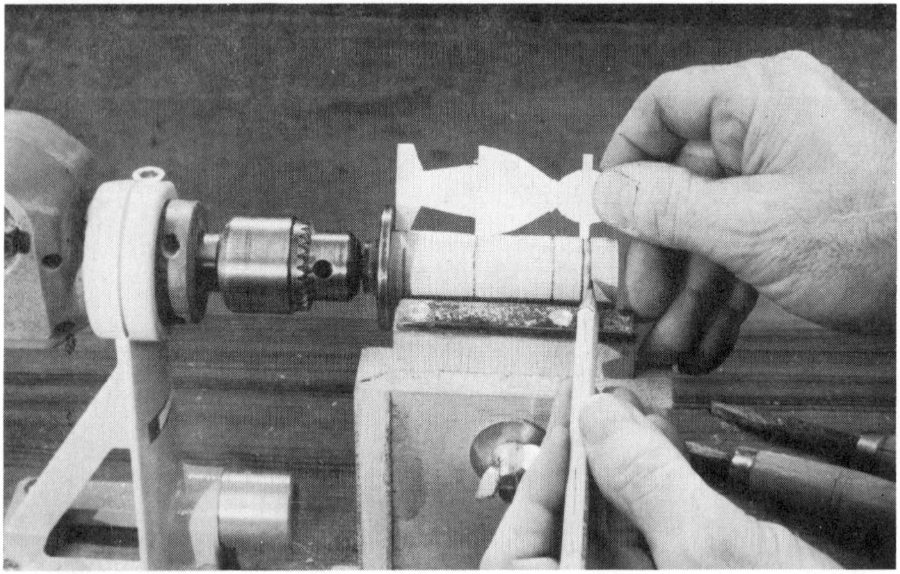

Nach einem Papiermodell oder einem fertigen Stück werden die notwendigen Ansatzstellen markiert (Bild 12).
Mit dem Abstechstahl werden dann die Markierungen angestochen. Obwohl der Abstechstahl nicht für diese Arbeit gedacht ist, könnte man auch mit ihm die Form drechseln. Zum groben Vorschruppen ist die Formröhre gedacht. Während der Arbeit sollte der Stahl stets recht fest in der Hand gehalten werden.

Bild 12

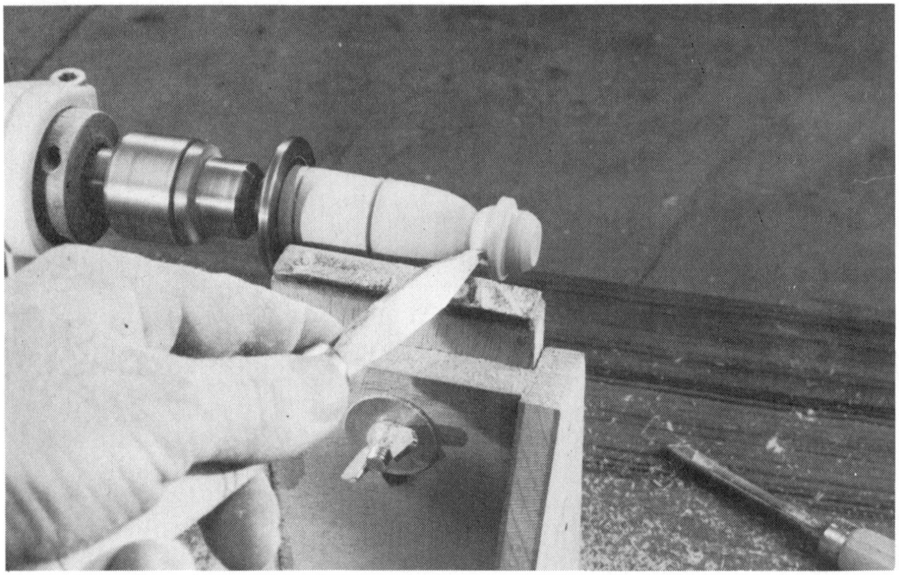

Mit dem Drehmeißel sollte man nun die Figur schlichten und sauberdrehen. Während des Drechselns ist die Stahlauflage immer wieder dem jeweiligen Arbeitsgang anzupassen (Bild 13).

Bild 13

Verjüngungen zum Spannteller hin werden der größeren Stabilität wegen immer erst zum Schluß gedrechselt (Bild 14).

Bild 14

Mit besonders feinem Schmirgelpapier erhält die Figur dann den letzten Schliff (Bild 15).

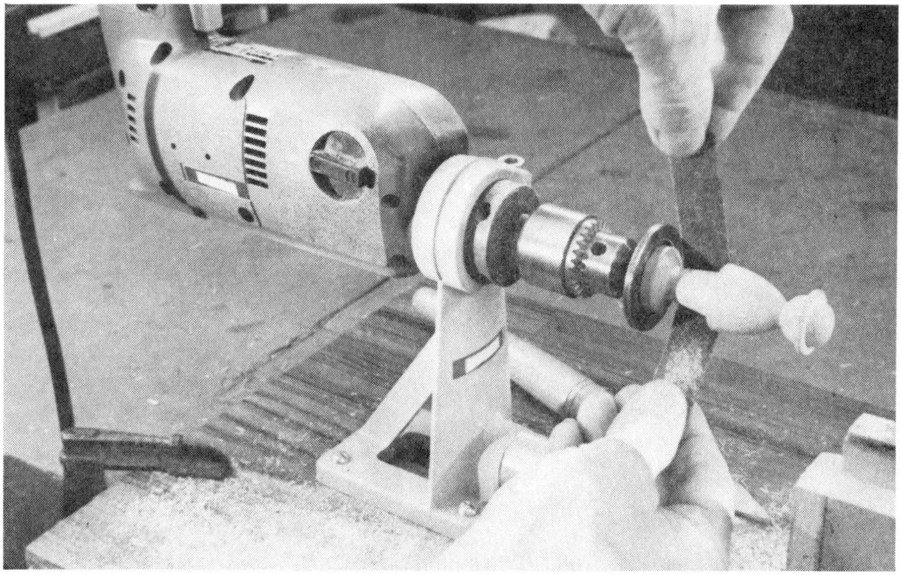

Bild 15

Nun können die Figuren nach dem persönlichen Geschmack bemalt werden (Bild 16).

Bild 16

Dieses Grundgerät eines Heimwerkerkastens kann man auch in eine Drechselbank verwandeln. Ein Stahlrohr dient als Führung, an dem in einem Querhalter eine Drehbankspitze sitzt (Bild 17).

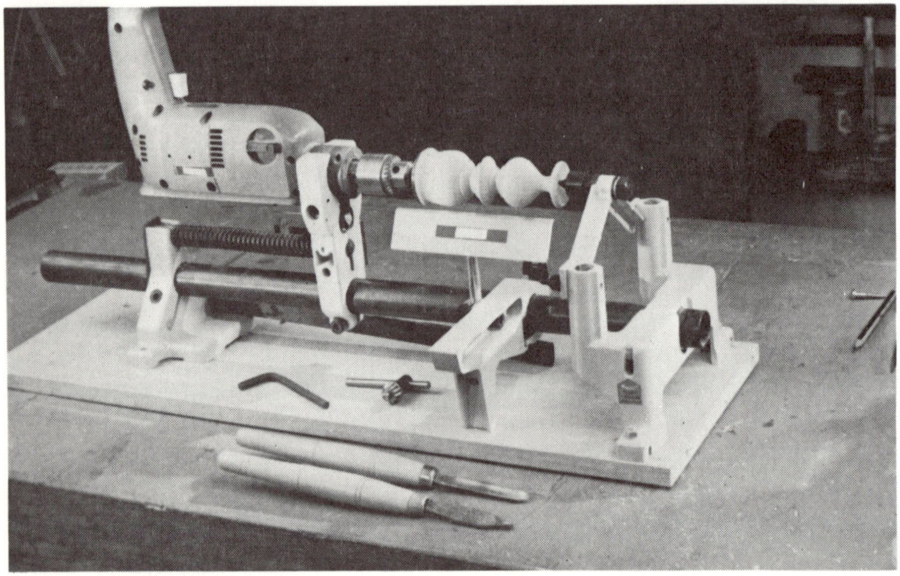

Bild 17

Wichtig
Rande a
später s
Millimet
(Bild 22

Mit dieser Drechselbank kann man auch längere Werkstücke, wie zum Beispiel einen Kerzenhalter oder sogar Stuhlbeine bis zu einer Länge von 42 cm bearbeiten. Auf der Maschinenseite sitzt das Werkstück in einem Mitnehmer-Dreizack (Bild 18) und auf der Gegenseite in einer mitlaufenden Drehbankspitze (Bild 19).

Bild 18

Auf ein
futters
stücke
befesti
messe
mit ein
(Bild 2
Durchr
3000 U
10 cm
2000 U

Bohrm
brikat

Bild 19

Truhen

Zu Großmutters Zeiten war die Truhe ein wichtiger Bestandteil des Hausrats. Sie war ein Aufbewahrungsort für die verschiedensten Gegenstände, wie Kleidungsstücke, Bettwäsche oder diverse Kleinigkeiten. Zudem wurde sie als Sitzgelegenheit benutzt und als Kleidertruhe oftmals sogar auf Reisen mitgenommen. Auch heute noch ist die Truhe ein praktisches und beliebtes Möbelstück. Sie kann nahezu überall aufgestellt werden und ist gerade für ein Kinderzimmer der ideale Aufbewahrungsort für Spielzeug und für die Diele oder das Wohnzimmer ein Schmuckmöbel (Bild 1). Eine solche Truhe ist schnell und mühelos zusammenzubauen, wenn man sich die Einzelteile exakt zuschneiden läßt. Wir haben sie in der Holzabteilung eines Hobbyladens zuschneiden lassen.

Bild 1

Die Maße unserer Truhe zeigt Bild 2. Die Vorder- und Rückseite ist 56 x 38 cm und die Seitenteile sind 30 x 38 cm groß. Boden und Deckel sind 60 x 36 cm. Als Material verwenden wir eine 12 oder 16 mm starke Tischlerplatte.
Mit weißem Holzleim und Stauchkopfnägeln bauen wir die Teile zusammen (Bild 3). Auch der Boden wird auf diese Art aufgesetzt. Er wird an den Seiten gleichmäßig vermittelt und schließt mit der Rückwand bündig ab (Bild 4).

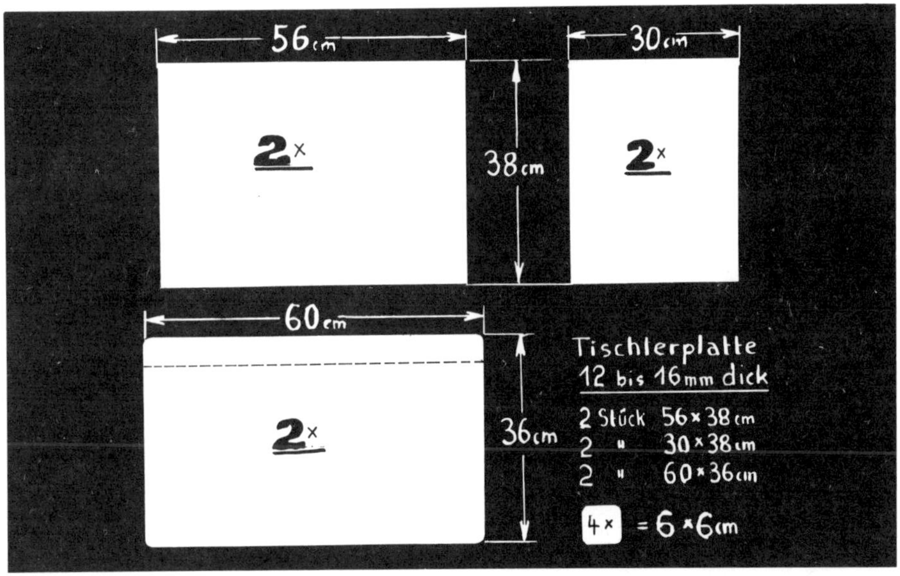

Bild 2

Bild 3

Bild 4

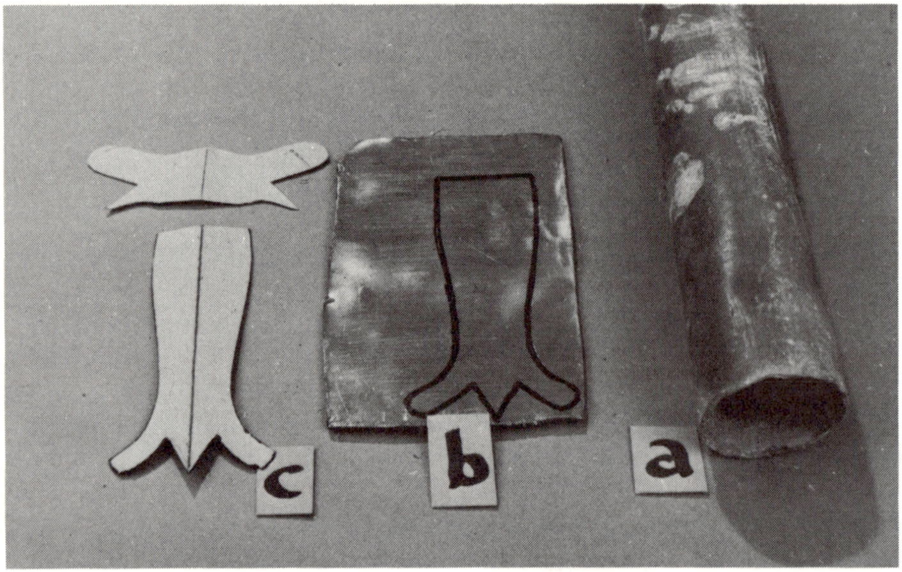

Wir stellen das Zierband aus einem Blei-Abflußrohr her (Bild 11). Aus dünnem Karton schneiden wir uns eine Schablone (Bild 11, c) aus und zeichnen diese auf das Rohmaterial (Bild 11, b). Mit der Blechschere oder mit der Laubsäge schneiden wir dann die Teile aus (Bild 12 und 13).

Bild 11

Bild 12

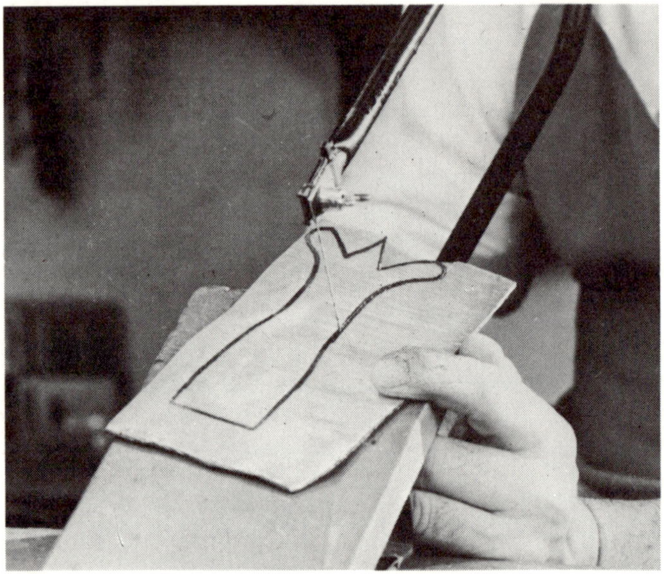

Bild 13

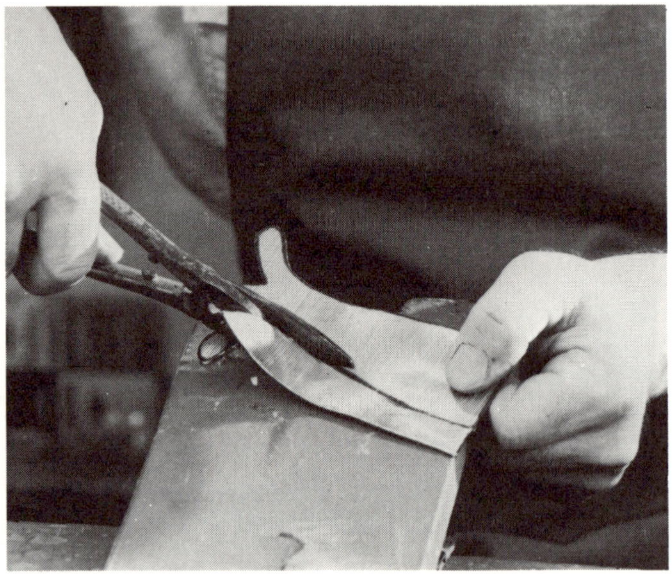

Bild 14 *Bild 15*

Nun werden die ausgeschnittenen Zierteile zuerst längs geriffelt (Bild 14). Anschließend werden die Kanten quer gehämmert (Bild 15) und die Ecken über der Amboßkante abgeplattet (Bild 16).

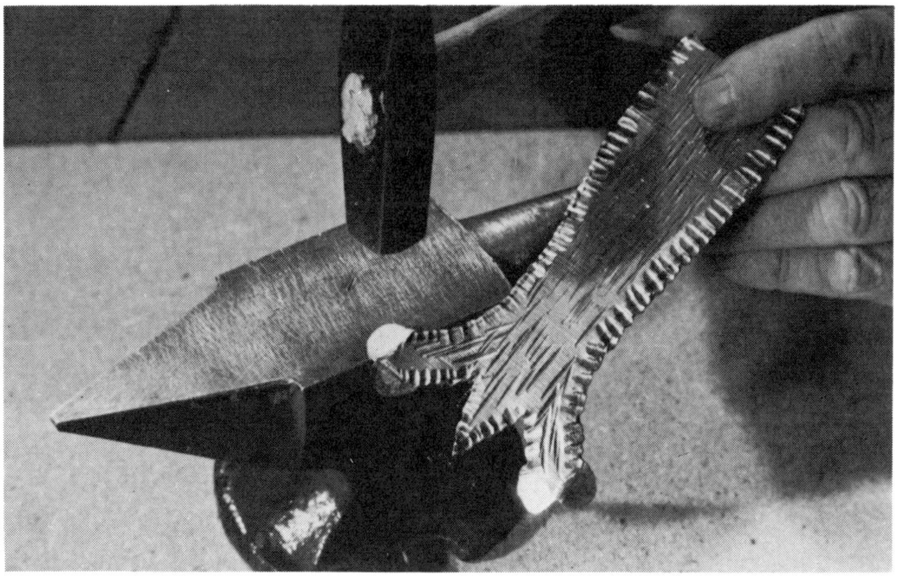

Bild 16

Bild 24

Bild 25

Bild 26

Besonders hübsch wird die Truhe, wenn man sie mit einer Bauernmalfarbe (Acryl-Latex) bemalt, dabei erübrigt sich eine Grundierung (Bild 25 und 26). Die Truhe von Bild 1 und Bild 25 hat Frau Gerdi Lang, eine Bauernmalerin, bemalt.
Zusätzlich kann man die Deckelinnenseite noch mit Schultafellack streichen, so haben die Kleinen gleichzeitig eine Malgelegenheit.
Der Fernsehredakteur unserer Sendung „Zugeschaut und mitgebaut", Karl-Heinz Born, hat ebenfalls mitgebastelt und eine 100 Jahre alte Truhe renoviert, bemalt und innen hübsch ausgekleidet (Bild 26).

Für die Bemalung der Truhe wurde Bauernmalfarbe „Wacofin" von der Firma H. Wagner & Co., Postfach 283, 7030 Böblingen, verwendet.

Holländer

Kaum ein anderes Spielzeug ist bei Kindern und Jugendlichen beliebter als ein fahrbarer Untersatz. Ist es heute ein Fahrrad, ein Roller oder ein Kett-Car, war es in den Jugendtagen unserer Großeltern der Holländer – damals oft noch mit holpernden Eisenrädern. Er wird sicher auch heute noch Kindern jeden Alters Freude und viel Spaß bereiten. Der Holländer ist zudem auch ein relativ sicheres Fahrzeug, wenn man den Griff stets festhält. Denn man hat damit, im wahrsten Sinne des Wortes, Antrieb und Bremse fest in der Hand.

Bild 1

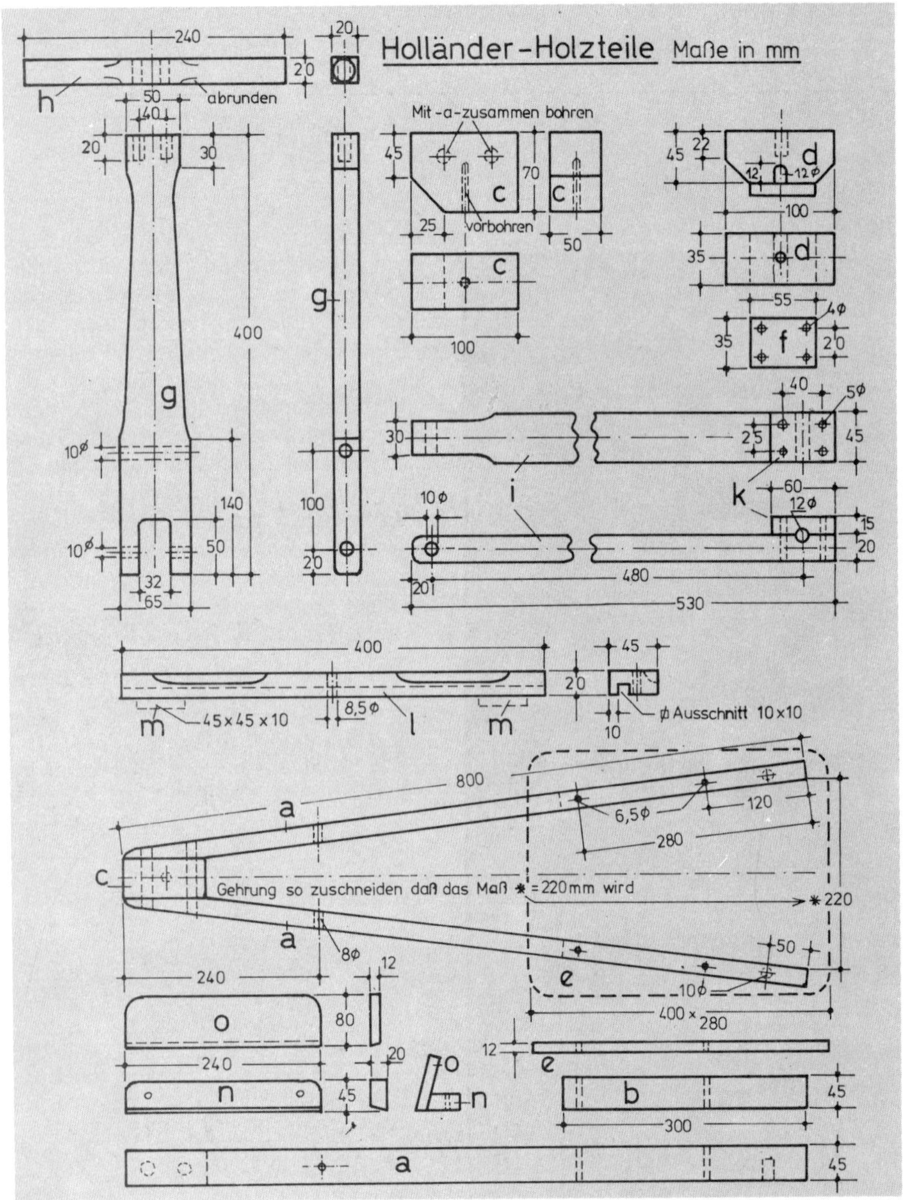

Bild 2

Eines der beiden Hinterräder des Holländers sitzt fest auf der Achse, das andere läuft frei. Der Antrieb erfolgt über eine Schubstange auf das Kurbellager (Bild 2). Am anderen Ende bewegt sich die Schubstange in einem Bolzengelenk an der Griffhebelstange. Eine 8 mm Wurzelschraube hält die Vorderachse.

Der Prototyp unseres Holländers ist in unserem Hobbykeller entstanden. Danach haben wir die Zeichnungen gemacht und uns die Einzelteile aus Holz (Plan 1) von einem Schreiner anfertigen lassen.

Plan 1

Die Metallteile (Plan 2) ließen wir von einem Schlosser herstellen. Die Teile müssen dann nur noch zusammengebaut werden. Unter der Anschrift Hobby-Werk-Dienst, 6676 Mandelbachtal 1, hoffen wir Ihnen Bezugsquellen nennen zu können, die entweder den ganzen Bausatz oder zumindest die Metallteile als Teilbausatz liefern können. Bei Drucklegung des Buches waren die Verhandlungen hierüber leider noch nicht abgeschlossen. Wer aber Lust und dazu auch noch die erforderlichen Werkzeuge und Heimwerkermaschinen hat, kann sich natürlich die Einzelteile auch selbst anfertigen.

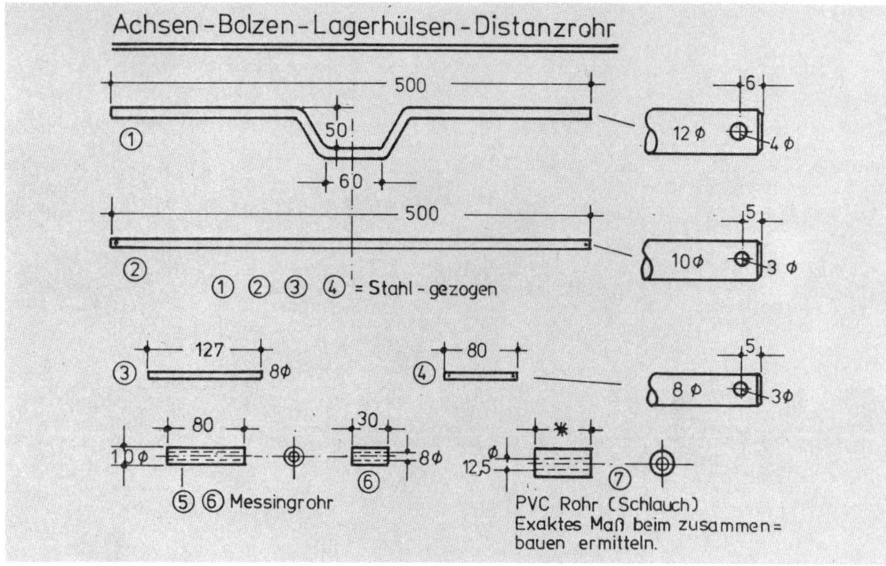

Plan 2

Die fertigen Holzteile und Räder zeigt Bild 3.

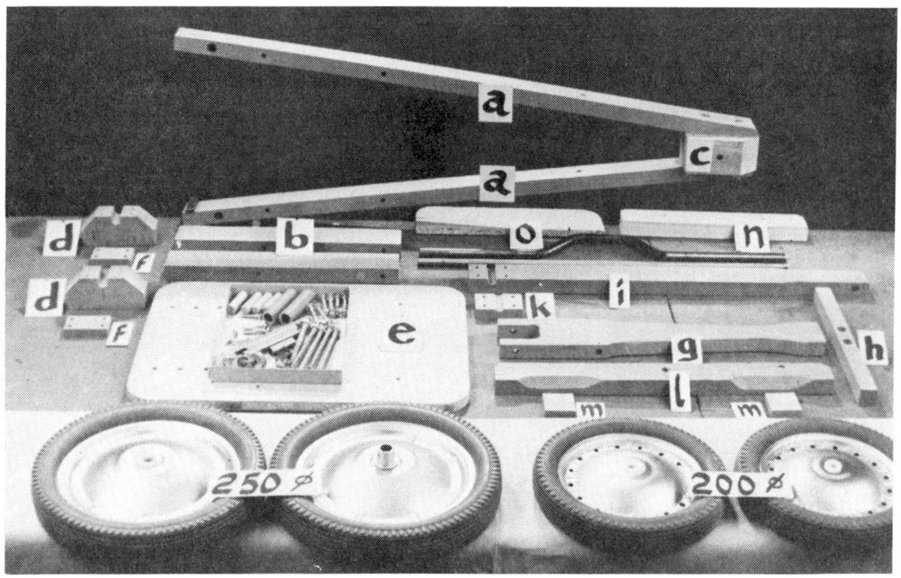

Bild 3

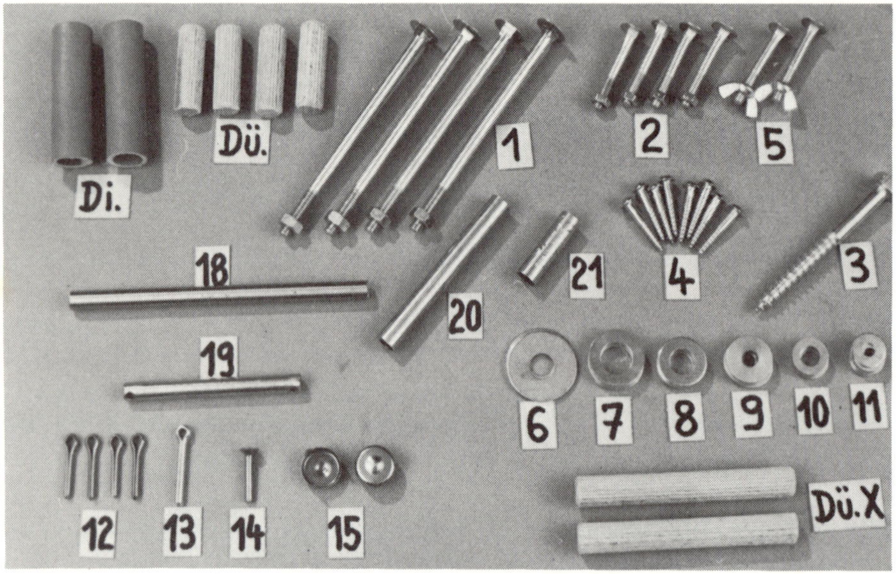

Bild 4

Die Kleinteile wie Distanzstücke, Dübel, Schrauben, Bolzen, Hülsen, Splinte und Unterlagscheiben sind auf dem Bild 4 abgebildet.

1 Schloßschrauben 6 x 110 mm
2 Schloßschrauben 5 x 40 mm
3 Wurzelschraube 8 x 80 mm
4 Rundkopf-Holzschrauben 4 x 25 mm
5 Messingrohr 8 mm/10 mm ∅, 80 mm lang
6 Messingrohr 8 mm/10 mm ∅, 30 mm lang
7 U-Scheiben verzinkt ca. 13 x 24 mm ∅
8 U-Scheiben ca. 10,5 x 20 mm ∅
9 U-Scheiben ca. 8,5 x 16 mm ∅
10 U-Scheiben ca. 6,5 x 12 mm ∅
11 U-Scheiben ca. 10 x 30 mm ∅
12 Eisen-Splinte 2,8 mm ∅, 20 mm lang
13 Eisen-Splint 3,8 mm ∅, 25 mm lang
14 Eisen-Niet 4 mm ∅, 15 mm lang
15 Abdeckhauben ca. 16 mm ∅

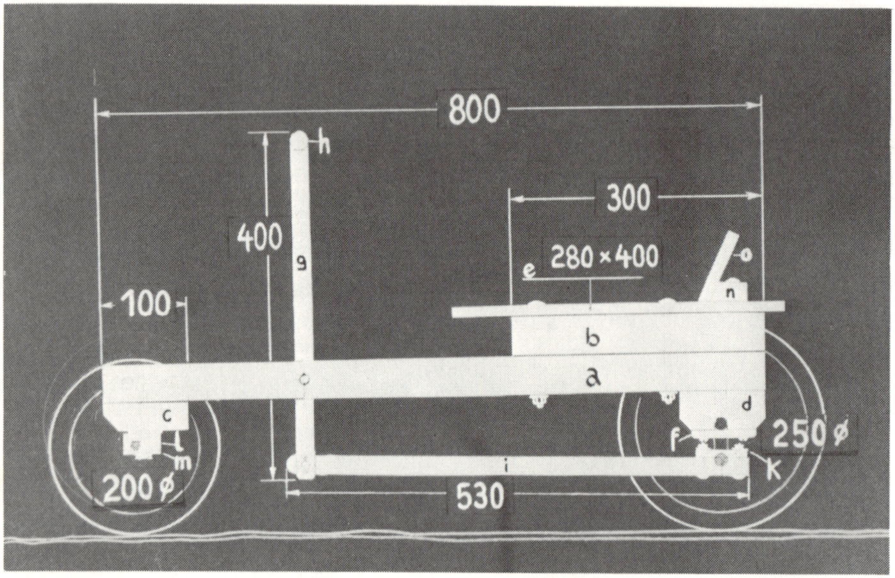

Bild 5

Den schematischen Aufbau verdeutlicht Bild 5. Für den Zusammenbau benötigen wir nur sehr wenig Werkzeug: 2 Schraubzwingen, Hammer, Zange, Schraubenzieher, Fahrrad-Sechskantschlüssel, Raspel, Glaspapier und Graphitlagerfett.

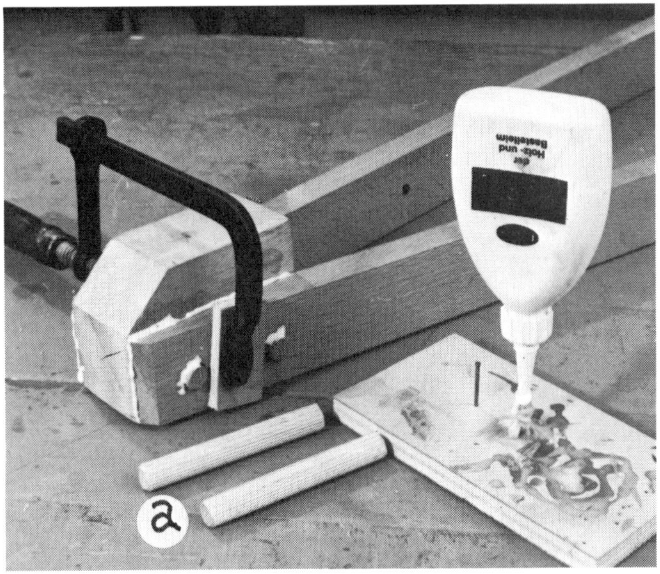

Bild 6

Bild 7

Mit zwei Dübeln (Bild 6, a) werden Kopfstück und Längsleisten verbunden und verleimt. Diese zusammengefügten Teile sollte man dann rundraspeln und schleifen (Bild 7). Längsleisten, Zwischenstücke und Sitz werden mit vier Schloßschrauben zusammengebaut.

Die Schloßschrauben werden von oben in die Sitzplatte eingesteckt (Bild 8) und die Zwischenstücke mit weißem Holzleim aufgelegt (Bild 9).

Bild 8

Dann wird die Längskonstruktion ebenfalls mit weißem Holzleim versehen, aufgesteckt und Unterlagscheiben aufgelegt und zusammengeschraubt (Bild 10). An den Enden sollte man zusätzlich, bis der Leim abgebunden hat, je eine Schraubzwinge ansetzen. Für das hintere Achslager werden Holzdübel zur Hälfte in die Lagerblöcke eingeleimt (Bild 11).

Bild 9

Bild 10

Bild 11

Bild 12

Bild 13

Die Lagerblöcke werden mit Hilfe der Achse ausgerichtet und mit einem Zwischenholz eingetrieben, da man sonst die Achse beschädigen würde (Bild 12). Ist die Achse exakt ausgerichtet, muß sie sich spielend drehen. Auch hier sollte man nochmals Schraubzwingen ansetzen.
Während der Leim abbindet, bauen wir die Griffhebelstange mit zwei Holzdübeln zusammen (Bild 13). Nach dem Abbinden werden die überstehenden Dübelenden geraspelt und die Griffholzenden abgerundet und beides geschliffen.
Die Messingbuchsen werden mit der Feilenkante eingeriffelt (Bild 14).

Bild 14

Mit Leim setzen wir die Messingbuchsen dann in den Griffhebel ein (Bild 15). Auch hier verhindert ein Holzrest eine Beschädigung. Es ist die Lagerung des Mittelbolzens. Der Leim hält die Hülse durch die Feilrillen unverrückbar fest. Eine zweite Hülse wird am Ende der Schubstange eingesetzt (Bild 16). Bei der Endmontage wird der Bolzen dann mit Lagerfett, am besten Graphitfett, eingesetzt, und auf jede Seite kommt dann eine Unterlagscheibe und ein Splint.

Mit Graphitfett wird auch die Hinterachse in die Lager eingelegt (Bild 17) und mit dem Lagerdeckbrettchen (Bild 3, f) gehalten. Auch alle anderen Lager werden vor dem Zusammenbau sorgfältig eingefettet.

Bild 15

Bild 16

Bild 17

Das vordere Achsholz hat zwei Ausfräsungen zum besseren Halt der Füße beim Steuern (Bild 18, a) und eine Längsrille zum Einlegen der Stahlachse (Bild 18, b).
Eine Wurzelschraube mit zwei Unterlagscheiben bildet das Drehgelenk. Zwei aufgeleimte Brettchen halten die Stahlachse in der Rille (Bild 19).
Das Kurbelwellenlager der Schubstange (Bild 20, a) halten vier kleine Schloßschrauben.

Bild 18

Bild 19

Bild 20

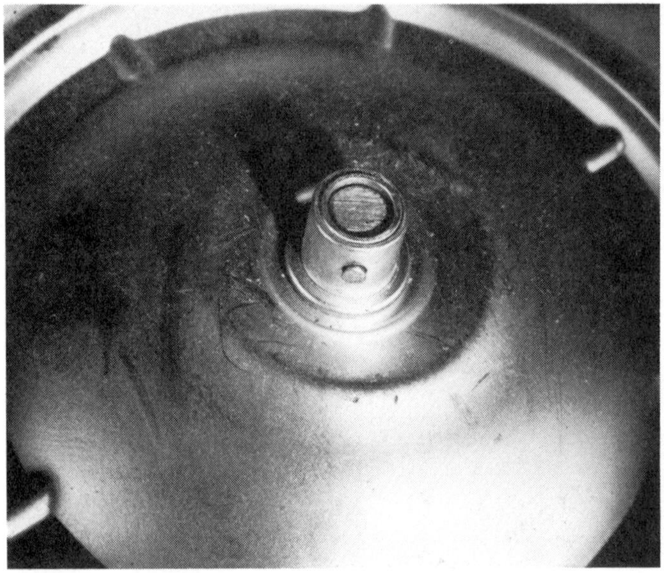

Bild 21

Bild 22

Bild 23

Auf die Antriebsseite der Hinterachse schieben wir eine Unterlagscheibe, das Distanzstück aus Plastik, eine zweite Unterlagscheibe und das Antriebsrad auf und vernieten es mit der Achse (Bild 21). Dazu wird der Nietbolzen eingesteckt, ein schwerer Hammer unter den Nietenkopf gehalten und vernietet. Sollte sich diese Verbindung im Laufe der Zeit lockern, kann man sie einfach wieder etwas nachnieten. Unterlagscheiben und Distanzstück kommen ebenso auf die andere Seite der Achse.

Die anderen drei Räder drehen sich frei, die Achsen werden an diesen Enden versplintet (Bild 22).

Bild 23 zeigt die Montage der Vorderachse. So kommt zuerst eine Unterlagscheibe, dann das Rad, nochmals eine Unterlagscheibe und dann der Splint. Die Achse

Bild 24

Bild 25

sollte stets etwas Spiel im Lenkbolzen der Wurzelschraube haben, so daß das Fahrzeug kleine Unebenheiten ausgleichen kann.

Für die Montage des Griffhebelgelenkes wird der Bolzen so weit eingeschlagen, daß er an jeder Seite etwa 2 mm vorsteht. Damit der Bolzen nicht mehr herausrutschen kann, wird er mit einer Kappe abgedeckt (Bild 24). Durch den unteren Bolzen wird ein Splint durchgesteckt und wie auf Bild 25 umgebogen. Nun werden die zwei Teile für die Rückenlehne zusammengeleimt (Bild 26). Zwei Schloßschrauben erlauben eine Anpassung an kleinere oder größere Fahrer, dabei wird die Lehne einfach vor- oder zurückgesetzt. Mit Flügelmuttern wird sie unter dem Sitz festgeschraubt.

Zum Schluß kann man das Fahrzeug noch mit einer bunten Lackfarbe anmalen.

Bild 26

Zinngießen

Gebrauchs- oder Ziergegenstände aus Zinn erfreuen sich immer größerer Beliebtheit. Sie verleihen der Wohnung einen Hauch von Nostalgie und sind von bleibendem Wert. Teller, Krüge, Kerzenhalter und Wandschmuck aus Zinn stehen auch als Geschenkartikel hoch im Kurs. Leider sind Gegenstände aus Zinn nicht ganz billig zu kaufen, zumal wenn sie handgearbeitet sind. Viele Leute wissen jedoch nicht, daß man sie ganz einfach selbst gießen kann. Das hat den Vorteil, daß man die Gegenstände nach eigenen Vorstellungen gestalten kann. Bild 1 zeigt einige Beispiele. Beschäftigen wir uns deshalb einmal mit den verschiedenen Techniken.
Es gibt zwei Grundtechniken des Zinngießens. Einmal das Gießen nach Modell in eine Sandform und zum anderen das Gießen in Fertigformen, die aus Spezialkautschuk, einem hitzebeständigen Hartgummi, bestehen. Übrigens lassen sich auch diese Formen selbst herstellen.
Bild 2 zeigt Figuren und einen Kalender, die nach Modell in eine Sandform gegossen wurden.
Auf Bild 3 sind einige Gegenstände zu sehen, die in Fertigformen hergestellt worden sind.

Bild 1

Für den Zierat auf Bild 4a wurden mit Linolschnittmessern Formen aus glatten Kautschukplatten herausgeschnitten und dann mit Zinn ausgegossen.
Beim Zinngießen ist zu beachten, daß für Gegenstände, die mit Speisen und Getränken in Berührung kommen, nur Reinzinn verwendet werden darf. Es ist bleifrei und somit nicht gesundheitsschädlich. Zierzinn dagegen ist bleihaltig und darf deshalb wirklich nur für Ziergegenstände verwendet werden.
Für das Zinngießen gibt es Arbeitspackungen zu kaufen, die alles enthalten, was man braucht. Hier haben wir eine Arbeitspackung, die vorgefertigte Formen enthält (Bild 4).

Bild 2

Bild 3

Bild 4a

Bild 4

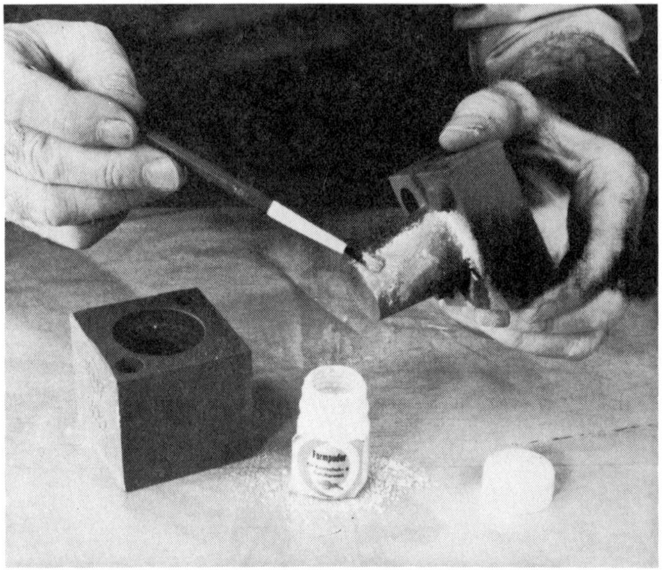

Bild 5

Bild 6

Bild 7

Will man beispielsweise einen Becher gießen, nimmt man die entsprechende Form und streicht die Innenflächen dünn mit Formpuder ein (Bild 5). Diese Vorbehandlung gewährleistet einen guten Metallfluß und bewirkt außerdem, daß die Oberfläche des Gegenstandes richtig glatt wird. Nach jedem dritten Guß sollte wieder neuer Formpuder aufgetragen werden.

Mit Hilfe einer Spirituspaste aus der Tube – man könnte auch Trockenspiritus nehmen – wird jetzt das Zinn, das in Blockform der Arbeitspackung beiliegt, auf dem Brenner erhitzt. Wenn sich ein Holzspan, der zur Probe in das flüssige Zinn getaucht wird, braun färbt und verkohlt, hat das Zinn die richtige Gießtemperatur (Bild 6). Wichtig ist, daß der Brenner auf einer Asbest-Unterlage steht, damit der Arbeitsplatz keine Brandflecken bekommt.

Jetzt wird das flüssige Zinn zügig in die geschlossene Form gegossen, wobei man den Deckel der Form leicht andrückt (Bild 7).
Nach zwei bis drei Minuten kann der fertige Guß entnommen werden (Bild 8). Nimmt man den Gegenstand zu früh aus der Form, kann es zu Rißbildungen kommen.

Bild 8

Nachdem wir überflüssige Zinnteile, die durch das Gießen entstehen, entfernt haben, wird der Becherrand mit Sandpapier glattgeschliffen (Bild 9).
Der gegossene Gegenstand glänzt nach der Bearbeitung silberhell, besonders wenn er aus Reinzinn besteht. Soll er das Aussehen echten alten Zinns bekommen, muß er 10 bis 20 Sekunden in ein Zinnpatina-Bad getaucht werden (Bild 10). Anschließend läßt man ihn trocknen und poliert nochmals leicht mit Stahlwolle und einem weichen Lappen nach. Bei reliefartigen Motiven erscheinen die Vertiefungen dunkel, während die Oberfläche seidenmatt glänzt.

Bild 9

Bild 10

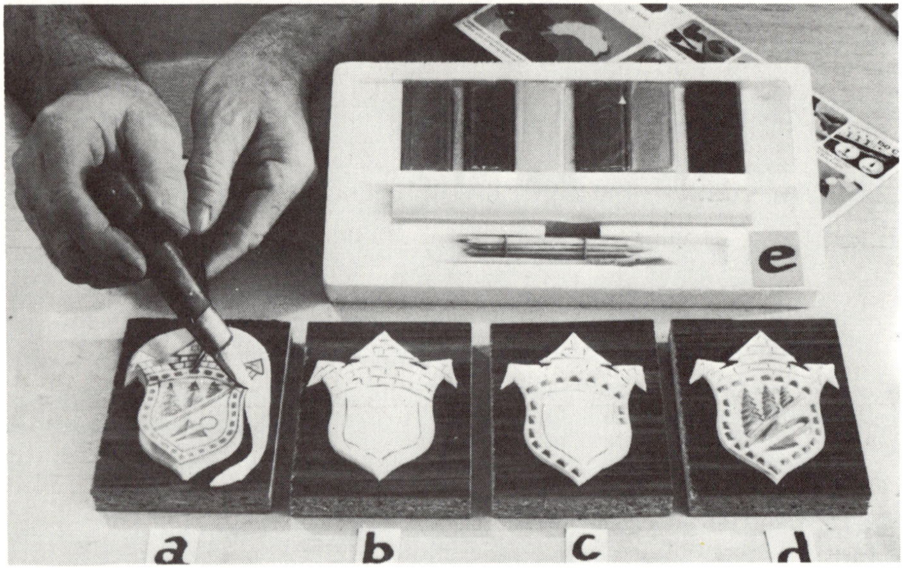

Auch für das Gießen in Formsand gibt es Werkpackungen (Bild 11).
Zunächst fertigt man aus Backknet ein Modell an, in diesem Fall zum Beispiel ein Wappen. Es wird auf Papier gezeichnet, ausgemalt und dann ausgeschnitten. Nun wird die Modelliermasse in der gewünschten Dicke ausgewalzt.
Nachdem wir das Papiermodell aufgelegt haben, schneiden wir mit einem Messer das Wappen aus. Das Messer wird dabei schräg gehalten (Bild 12, a). Jetzt werden die Kerbkonturen eingedrückt (Bild 12, b). Schließlich formt man kleine Motive und setzt sie auf (Bild 12, c und d). Bei 150°C

Bild 12

Bild 13

Bild 11

wird das Modell jetzt im Backofen gehärtet. Die Sandform besteht aus zwei Formkastenrahmen. Der erste wird auf eine ebene Unterlage, am besten ein Stück Faserplatte, gelegt. Jetzt legt man das Backknet-Modell, das zuvor mit Formpuder eingepinselt wurde, in die Mitte des Rahmens (Bild 13) und füllt mit Formsand auf. Wegen der feinen Konturen im Motiv empfiehlt es sich, die erste Schicht Sand mit einem groben Mehlsieb aufzustreuen. Der Sand wird vorsichtig festgedrückt und in drei Schichten aufgefüllt. Jede Schicht wird gut festgestampft (Bild 14). Formsand gibt es auch in Nachfüllpackungen zu kaufen.

Bild 14

Ist der Sand eingefüllt und festgestampft, wird er noch mit einem Holzbrettchen, zum Beispiel mit einem alten Lineal, glatt abgezogen (Bild 15).

Bild 15

Dann wird der Rahmen vorsichtig umgedreht, das Modell darf dabei nicht herausfallen. Wir füllen Formpuder in einen porösen Stoffbeutel, der der Werkpackung beiliegt, und stäuben damit die Unterseite des Modells ein (Bild 16).
Jetzt wird der zweite Rahmen aufgelegt. Die Führungsstifte garantieren einen genauen Sitz (Bild 17). Dieser zweite Rahmen wird jetzt ebenso mit Sand aufgefüllt wie der erste (Bild 18).

Bild 16

Bild 17

Bild 18

Nun setzen wir die beiden Rahmen vorsichtig wieder auseinander, nehmen behutsam das Modell aus dem unteren Rahmen und legen es auf die vorgedrückte Stelle im zweiten Rahmen (Bild 19). Mit einem Messingröhrchen (Bild 19, a), das der Werkpackung beiliegt, stechen wir den Anguß-Kanal und mit einem dünneren den Steiger, so nennt man die beiden Öffnungen, die zum Gießen notwendig sind.

Bild 19

Auf der Eingußseite des Rahmens wird die Angußöffnung trichterförmig erweitert (Bild 20).

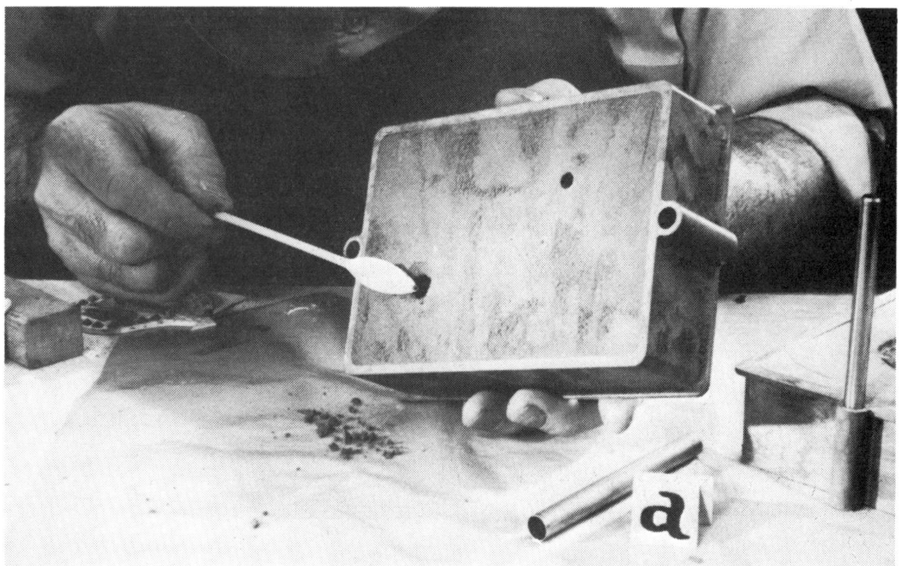

Bild 20

Bild 21

Bild 22

Das Backknet-Modell nun herausnehmen und beide Rahmen genau aufeinandersetzen. Die Führungsstifte einstecken und die beiden Rahmen mit Hilfe eines Holzbrettchens fest aufeinanderpressen.
Nun wird das flüssige Zinn eingegossen (Bild 21).
Nach etwa fünf Minuten kann das fertige Wappen herausgenommen werden (Bild 22).

Ist der Guß gelungen, wird der Formsand abgebürstet, Anguß und Steiger werden entfernt und das Gußteil mit Stahlwolle abgerieben. Nachdem auch noch die Kanten geglättet wurden, kann das Wappen noch patiniert werden. Mit Stahlwolle erhält es den letzten Schliff.
Ist einmal ein Stück nicht so recht gelungen, kann es wieder eingeschmolzen werden.

Bild 23

Aus Zinnresten läßt sich ein hübscher Wandschmuck anfertigen. Das flüssige Zinn wird nach Art des Bleigießens in kaltes Wasser gegossen. Es entstehen bizarre Gebilde, die auf eine Schieferplatte geklebt sehr dekorativ aussehen (Bild 23).

Arbeits- und Nachfüll-Packungen für das Zinngießen sind im Hobbyhandel erhältlich. Hersteller ist die Firma Lothar Reif, 7850 Lörrach.

Die Arbeiten von Bild 4a wurden von Lörracher Schülern, der Hellbergschule unter Oberlehrer Kammerer, der Pestalozzi-Schule unter Lehrer Umlauf und der Pädagogischen Hochschule unter Dozent Wolf hergestellt.

Modellieren

Modellieren ist ein Hobby, bei dem der Fantasie keine Grenzen gesetzt sind. Man kann Gebrauchsgegenstände wie Teller, Töpfe, Vasen oder Schalen herstellen, aber auch Tierfiguren, Fantasiegestalten und andere Ziergegenstände. Außerdem macht Modellieren Spaß. Bereits kleine Kinder beschäftigen sich gern damit und kommen mit der Modelliermasse gut zurecht. Wenn Eltern oder Geschwister mitkneten, macht die Sache noch mehr Spaß. Man kann dann auch Spielsachen modellieren oder eine Windleuchte für das nächste Gartenfest (Bild 1).

Bild 1

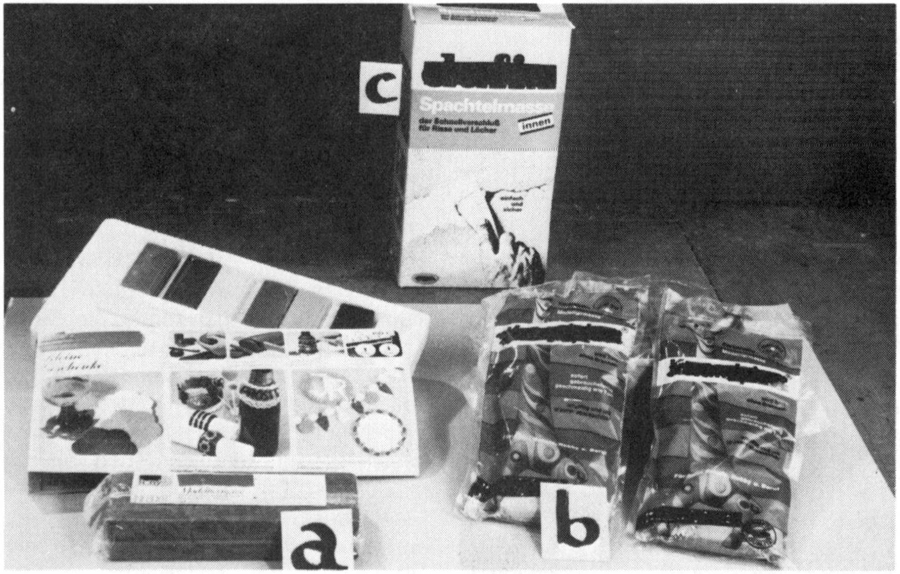

Es gibt im Fachhandel eine ganze Reihe verschiedener Modellier-Werkstoffe, die einfacher zu verarbeiten sind als Ton, der nach dem Formen noch in einem speziellen Ofen gebrannt werden muß. Drei dieser leicht zu verarbeitenden Werkstoffe wollen wir hier vorstellen (Bild 2). Einmal einen Backknet (Bild 2, a), dann eine Modelliermasse, die in Aussehen und Verarbeitung am ehesten an Ton erinnert (Bild 2, b), und schließlich einfache Wandspachtelmasse (Bild 2, c).

Bild 2

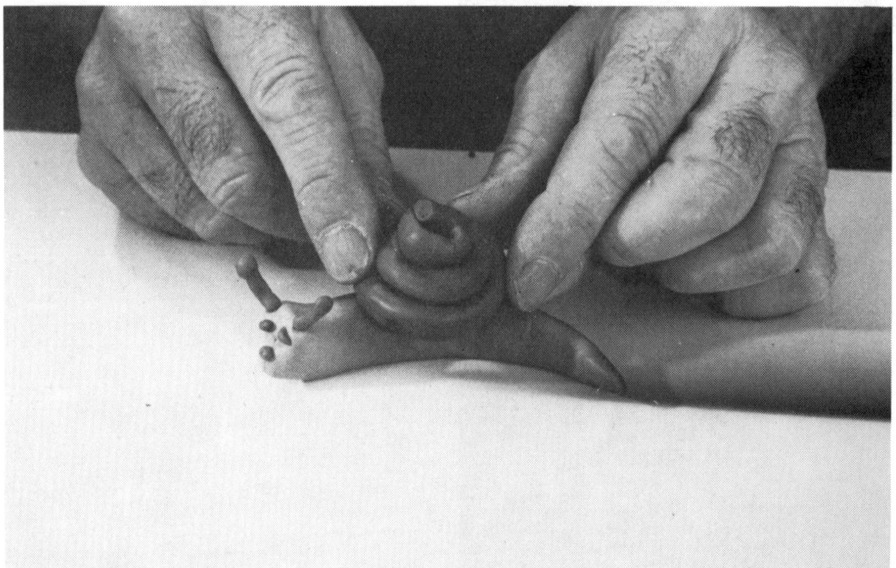

Beginnen wir mit dem Backknet. Dieses Material muß vor der Verarbeitung gut durchgeknetet werden, denn erst wenn die Masse handwarm ist, erreicht sie ihre volle Modellierfähigkeit. Diesen Werkstoff gibt es in verschiedenen Farben. Durch Ineinanderkneten mehrerer Farben läßt sich jeder beliebige Mischton erzielen.

Kneten wir zum Beispiel einmal eine Schnecke, das können selbst schon kleine Kinder (Bild 3).

Bild 3

Nach dem Formen setzen wir sie auf einen Porzellanteller oder ein Backblech (Bild 4) und schieben sie in die Backröhre. Bei 150°C – bei dieser Temperatur werden Plätzchen gebacken – wird die Schnecke nun gehärtet. Die Dauer des Brennvorgangs hängt von der Größe und Dicke des Modells ab. Nach dem Erkalten läßt sich die Masse wie Holz bearbeiten und auch kleben. Mit einem Speziallack, der in der Werkpackung enthalten ist, kann man das Modell dann noch lackieren. Jeder Werkpackung ist außerdem eine genaue Gebrauchsanweisung beigelegt, die man aufmerksam lesen sollte. Es werden darin auch Bastelanregungen gegeben.

Bild 4

Bild 5

Die tonähnliche Modelliermasse bietet sich besonders zum Formen größerer Gegenstände an. Wir wollen hier eine Fantasiegestalt, einen Drachen, modellieren. Es gibt nun drei verschiedene Techniken, diese Modelliermasse zu verarbeiten. Man kann den Gegenstand vollplastisch gestalten, er besteht dann durch und durch aus diesem Werkstoff. Man kann aber auch Werkstoff sparen und irgendeinen Gegenstand, beispielsweise eine Papprolle, mit Modelliermasse umkleiden. Die dritte Möglichkeit ist, einen Gegenstand nur zu überziehen, so daß er hinterher aussieht wie eine Keramik.

Wir wählen für unseren Drachen die Ummantelungstechnik. Zunächst wird die Modelliermasse gut durchgeknetet. Mit einem Holzstäbchen trennen wir überflüssigen Werkstoff ab (Bild 5).

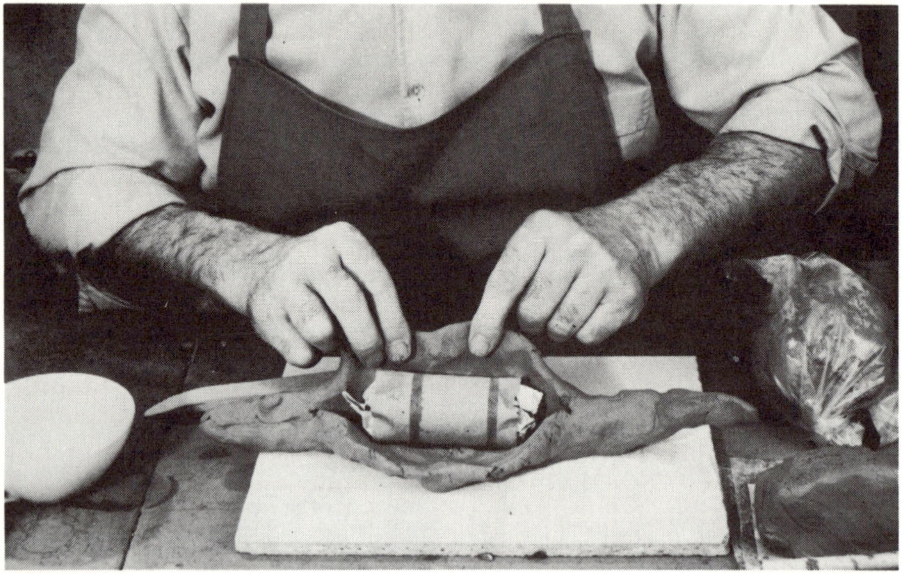

Bild 6

Nun wird eine mit Papier ausgestopfte Papprolle mit der Modelliermasse umwikkelt (Bild 6). Mit einem Horn auf der Stirn, zwei Stielaugen und einem schuppigen Panzer bekommt das Gebilde schon ein drachenähnliches Aussehen (Bild 7). Jetzt formen wir noch vier schuppige Beine – und fertig ist das Untier (Bild 8). Es muß nicht mehr im Backofen gehärtet werden, denn dieser Werkstoff wird an der Luft steinhart und bricht nicht so leicht wie Keramik.

Will man dieses Material nach dem Trocknen wieder modellierfähig machen, braucht man es nur in Wasser zu legen. Das wirkt sich ganz günstig bei größeren Plastiken aus. Man kann an einzelnen Stellen weiterarbeiten, während andere schon hart sind. Soll der geformte Gegenstand wasserfest sein, wird er mit Lack überzogen.

Bild 7

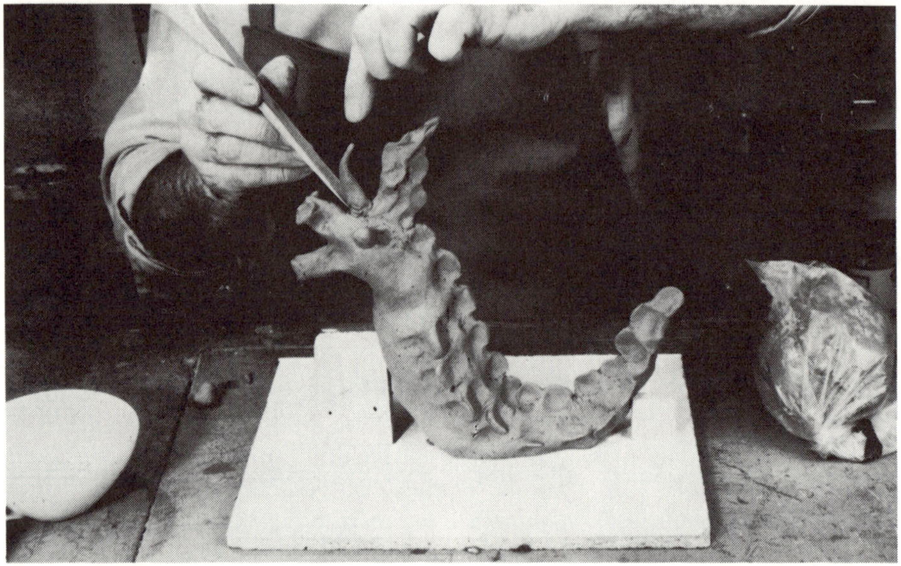

Bild 8

Auf diese Weise lassen sich die verschiedensten Sachen herstellen, zum Beispiel ein Herd für die Puppenstube (Bild 9) oder eine bunte Kachel (Bild 10).
Zum Vergleich dazu ein paar Dinge, die aus dem zuvor beschriebenen Backknet hergestellt wurden (Bild 11 bis 13).

Bild 9

Bild 10

Bild 11

Bild 12

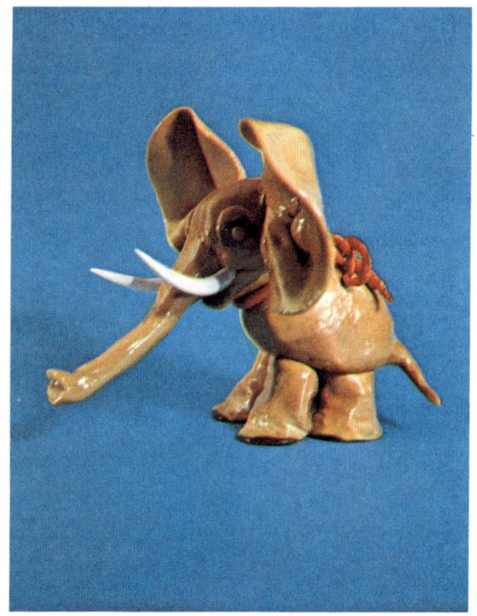

Bild 13

Mit Wandspachtelmasse lassen sich nicht nur Löcher und Risse ausbessern, man kann damit auch gut modellieren. Wir wollen hier einmal zeigen, wie man eine Windleuchte für das nächste Gartenfest formt.
Zunächst brauchen wir eine Form. Zu diesem Zweck stecken wir zwei Luftballons ineinander und blasen sie auf. Nun wird die Spachtelmasse angerührt. Als Gefäß ideal zum Anrühren der Spachtelmasse ist die Hälfte eines alten Gummi- oder Plastikballes. Mischungsverhältnis: Eineinhalb bis zwei Teile Pulver in einen Teil Wasser einrühren. Pulver in Wasser einrühren und nicht umgekehrt – und gut vermischen (Bild 14).

Bild 14

Die Masse bleibt dann etwa eine Stunde verarbeitungsfähig und bindet dann rasch ab. Die Masse nun etwa 5 bis 10 mm dick auf den Ballon auftragen (Bild 15).
Wir haben es ausprobiert was passiert, wenn der mit Spachtelmasse umhüllte Ballon platzt. In der Tat, es passiert gar nicht viel. Die Luft entweicht so schnell und die feuchte, schwere Masse ist so träge, daß sie zum Klumpen wird und herunterfällt. Unser Hobbykeller-Inventar bleibt also unversehrt. Trotzdem sollte man diese Arbeit nicht im Wohnzimmer ausführen.

Bild 15

Nun wird der Ballon an einem Faden aufgehängt, um besser daran arbeiten zu können (Bild 16). Zur Vorsicht ein Stück Papier oder ähnliches auf den Boden legen, falls der Faden reißt.

Bild 16

Mit einem Stück Karton werden nun Augen und Mund modelliert (Bild 17).
Damit man die Leuchte später aufhängen kann, werden seitlich gegenüberliegend zwei Drahtbügel in die weiche Spachtelmasse eingelegt, bei denen die Enden zu flachen Ösen gebogen wurden (Bild 18).
Nach etwa einer Stunde ist die Masse so fest, daß sie weiter bearbeitet werden kann. Jetzt lassen wir durch einen Messerstich den Luftballon platzen. Die Reste werden herausgenommen und mit dem Messer die Kanten abgerundet.

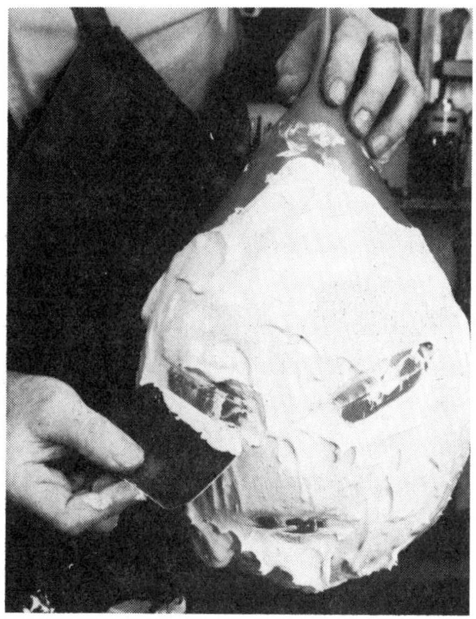

Bild 17

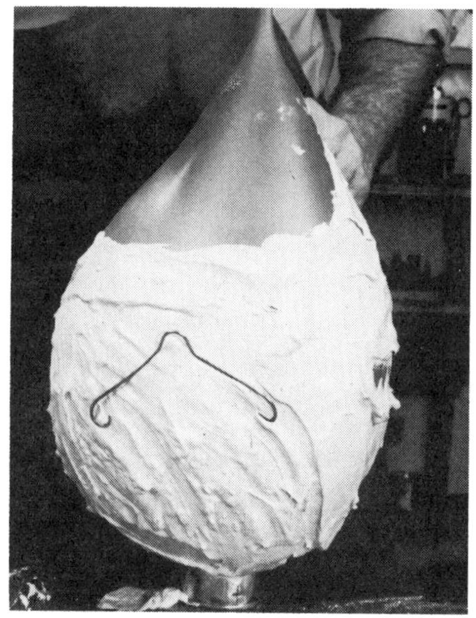

Bild 18

Bild 19

Bild 20

Zuletzt wird die Leuchte noch mit Wasserfarbe oder Latex bemalt (Bild 19).
Auf die gleiche Weise kann man auch ein Windlicht (Bild 20), eine Maske (Bild 21), eine Kachel oder eine Vase (Bild 22) formen.

Bild 21

Bild 22

Die hier verwendeten Modelliermassen sind: „Fimo“ Backknet von Eberhard Faber, 8430 Neumarkt, „Keramiplast“ Modelliermasse von Franz Kolb, 8000 München 80, „Dufix“ Wandspachtelmasse von Henkel & Cie., 4000 Düsseldorf 1.

Merktafel

Bild 1

Jeder stellt immer wieder einmal fest, daß er einen Notizzettel einfach nicht mehr finden kann, weil er ihn verlegt hat. Außerdem erinnert ein Zettel, der irgendwo in einem Regal oder Schrank liegt, meist zu spät an das, was man auf ihm vermerkt hat. Wir wollen deshalb eine Merktafel bauen, auf die wir uns verlassen können. Sie soll eine Schiefertafel für Tagesvermerke haben, eine Notizrolle für den Einkaufszettel, zwei Ablagen für Briefe, Rechnungen und was sonst noch erledigt werden muß, außerdem noch vier Haken für gewisse Kleinigkeiten, die bisher noch keinen festen Platz hatten, beispielsweise Schlüssel, Hundeleine oder Einkaufsnetz (Bild 1).

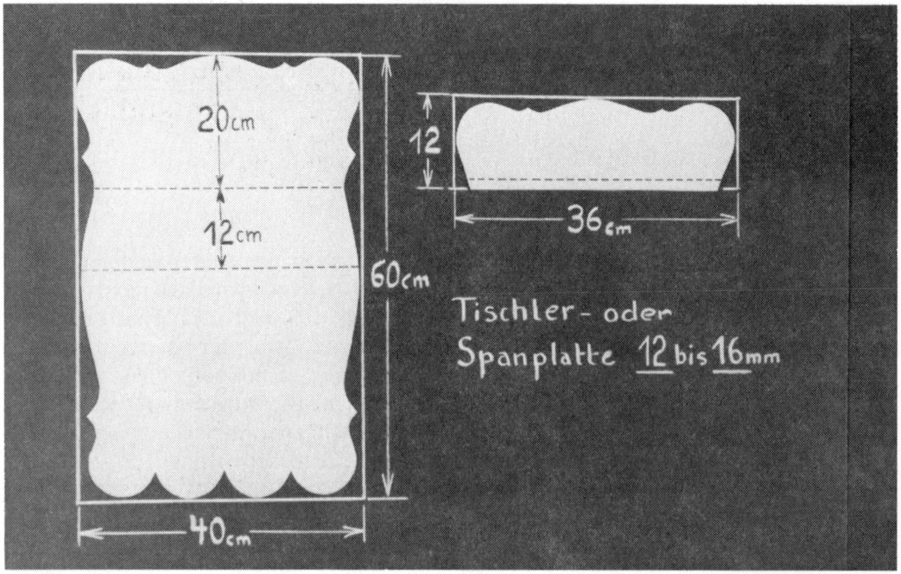

Hergestellt wird diese Merktafel aus einer 12 bis 16 mm dicken Tischlerplatte. 40 mal 60 cm groß wird das Grundbrett, je 12 mal 36 cm die beiden Ablagen, die in einem Abstand von 12 cm auf das Grundbrett aufgesetzt werden (Bild 2).

Bild 2

Die Ablagebretter sollen in einem Winkel von 45 Grad auf dem Grundbrett angebracht werden (Bild 3). Dazu müssen sie an einer Kante abgeschrägt sein. Am besten macht man einen Gehrungsschnitt mit der Kreissäge. Ist das nicht möglich, kann man sich jedoch auch anders behelfen. Ist die Platte 16 mm dick, zeichnet man 16 mm von der Kante der Ablagebretter entfernt eine Linie auf. Nun raspelt man von dieser Linie schräg bis zur unteren Kante (Bild 4).

Bild 3

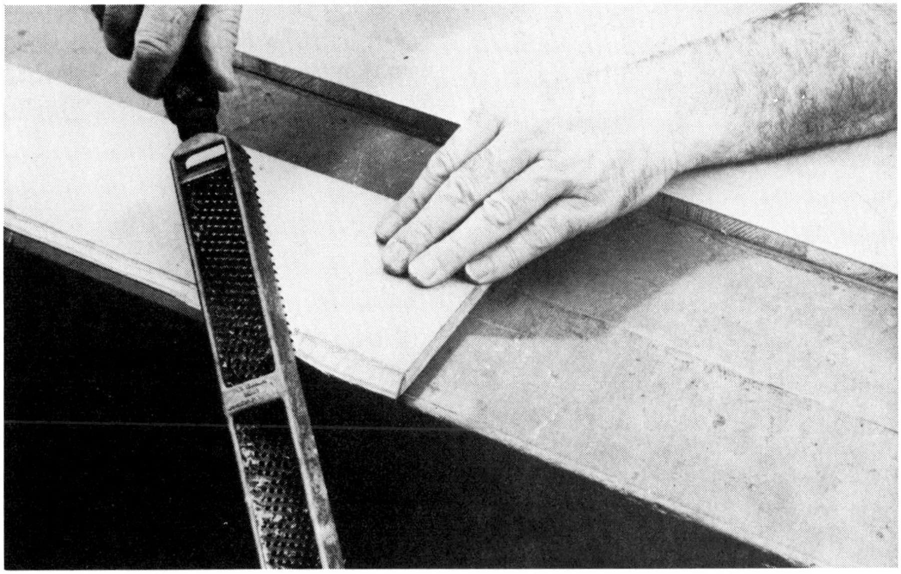

Bild 4

Bild 5

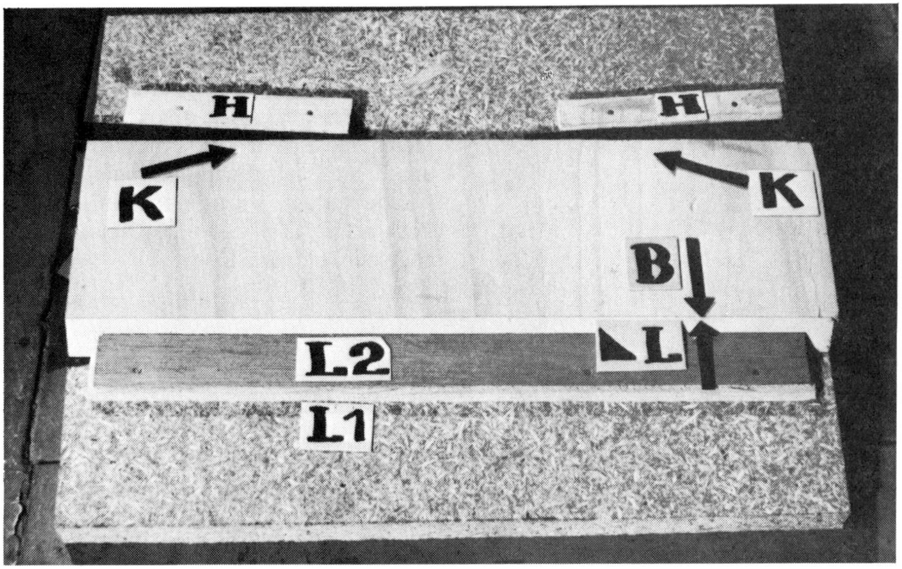

Eine andere Möglichkeit ist, eine Dreikantleiste auf die Kante der Ablagebretter zu leimen (Bild 5).

Damit die Dreikantleiste richtig fest hält, bauen wir eine Vorrichtung, mit der die Leiste fest gegen das Ablagebrett gepreßt wird (Bild 6). Von den beiden Leisten (Bild 6, L1 und L2) ist die obere etwas zum Brett hin versetzt, so daß sie gegen die Mitte der Dreikantleiste drückt (Bild 6, L und B). In dieser Position werden die Leisten auf der Unterlage, einer Hartfaserplatte, festgenagelt. Nun fehlt noch der Gegendruck von der anderen Seite. Hier drücken zwei Keile (Bild 6, K) einmal gegen zwei kleine Leisten (Bild 6, H), die ebenfalls aufgenagelt werden, und zum zweiten gegen das Brett.

Bild 6

Der Teil des Brettes mit der Dreikantleiste ist in Bild 7 zu sehen. Geleimt wird mit weißem Holzleim. Zum Schutz der Platte legt man eine Nylonunterlage (Bild 7, N) dazwischen.

Bild 7

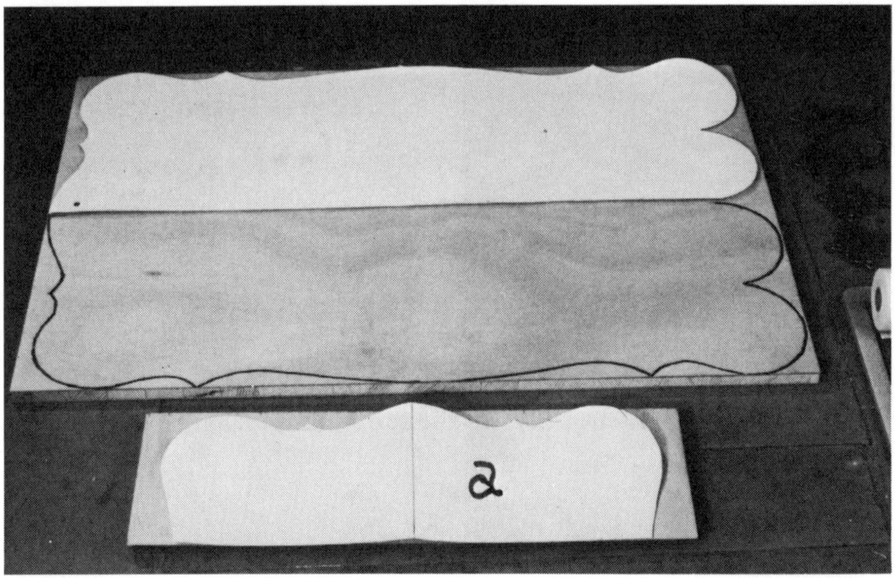

Während der Leim abbindet, bereiten wir das Grundbrett vor (Bild 8). Wir schneiden uns aus Papier eine Schablonenhälfte in der Form aus, in der das Brett ausgesägt werden soll, und zeichnen es, einmal nach rechts und einmal nach links geklappt, auf das Brett. Das gleiche geschieht mit den Ablagebrettern, sobald der Leim gut getrocknet ist, falls man eine Dreikantleiste angeleimt hat (Bild 8).

Bild 8

Nun werden die Konturen mit der Laubsäge ausgesägt (Bild 9). An manchen Stellen ist das nicht ganz einfach, weil der Sägebogen stört. Man kann sich damit helfen, daß man das Sägeblatt mit einer Zange bis 45 Grad verdreht (Bild 10). So kann man auch an längeren Brettkanten entlang Rundungen aussägen. Besonders schnell geht es mit der Stichsäge (Bild 11). Dabei sind feingezahnte Sägeblätter zu verwenden.

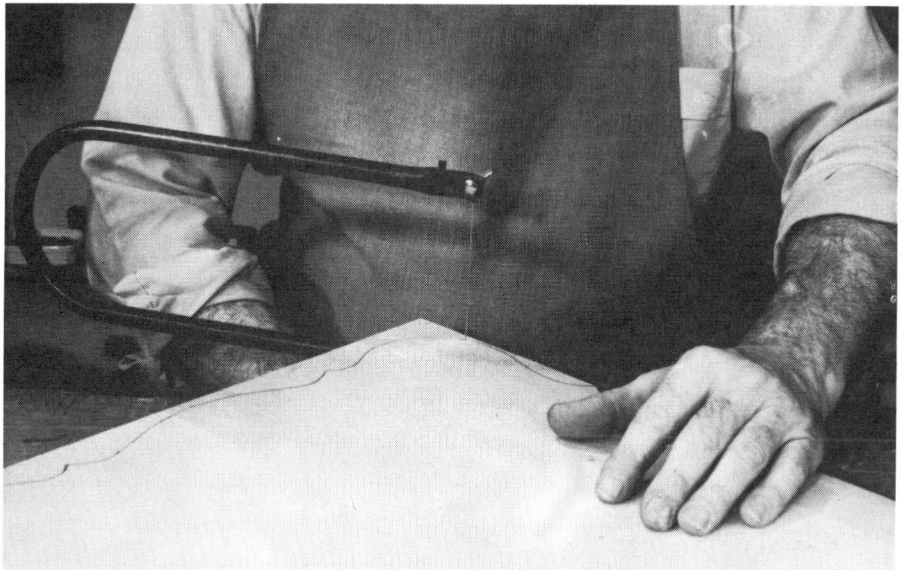

Bild 9

Bild 10

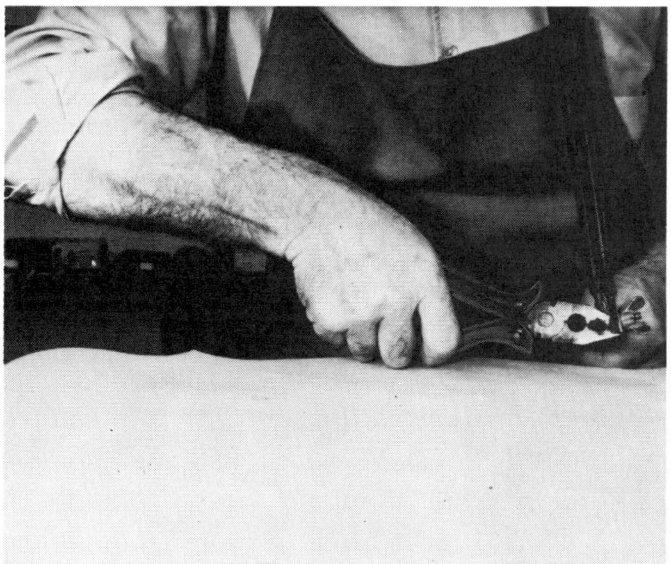

Bild 11

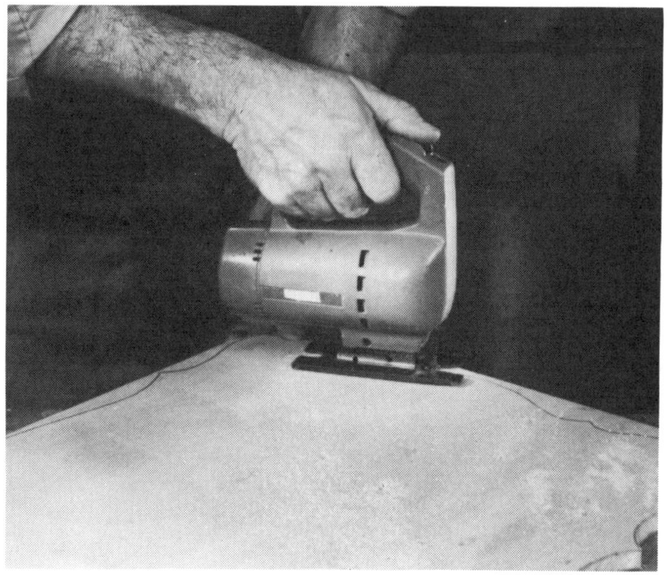

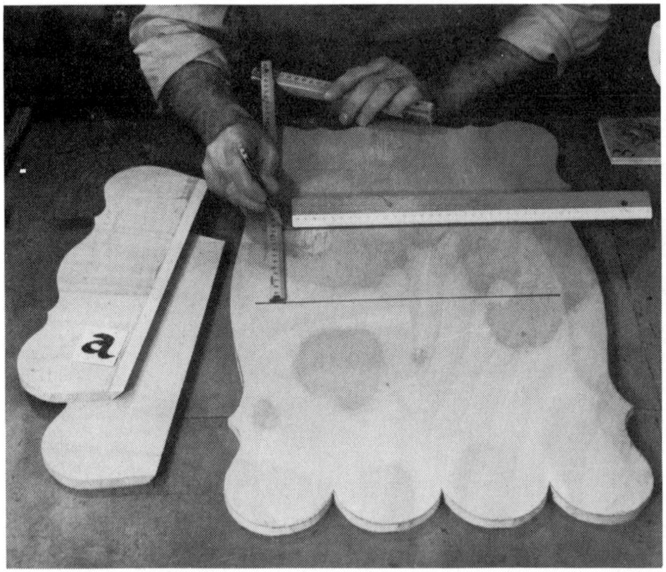

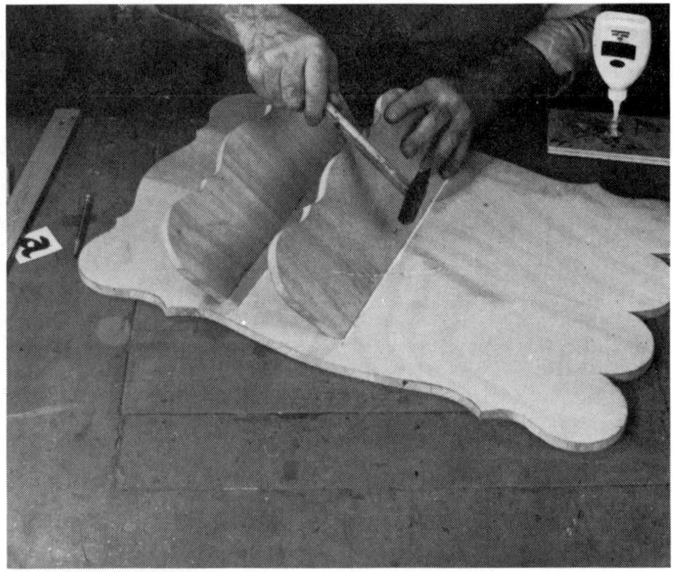

Bild 12 Bild 13

Nun zeichnen wir den Sitz der Ablagebretter an, im Abstand von 20 und 12 cm vom oberen Rand des Grundbrettes aus gesehen (Bild 12). Wir verwenden in diesem Fall ein Ablagebrett mit schräg geraspelter Kante und eines mit aufgeklebter Dreiecksleiste (Bild 12, a). Mit weißem Holzleim und je drei Haftnägeln werden die beiden Ablagen auf dem Grundbrett befestigt (Bild 13). Die Schreibzeugablage ist 14 cm breit und 3 cm tief (Bild 14). Das Abdeckbrettchen wird ein wenig eingerundet, damit man den Griffel oder Dauerschreiber besser greifen kann.

Bild 14

Sie wird mit einem Abstand von 10 cm zur Unterkante aufgeleimt (Bild 15). Die Notizrolle wird an einem Bügel aus 1 bis 2 mm starkem Draht aufgehängt. Seine Größe richtet sich nach der Breite der Papierrolle, bei uns ist das Maß 5,5 cm x 5,5 cm (Bild 16). Den Kern bildet ein 12 mm dickes und entsprechend langes Rundholz mit zwei Bohrungen (Bild 17).

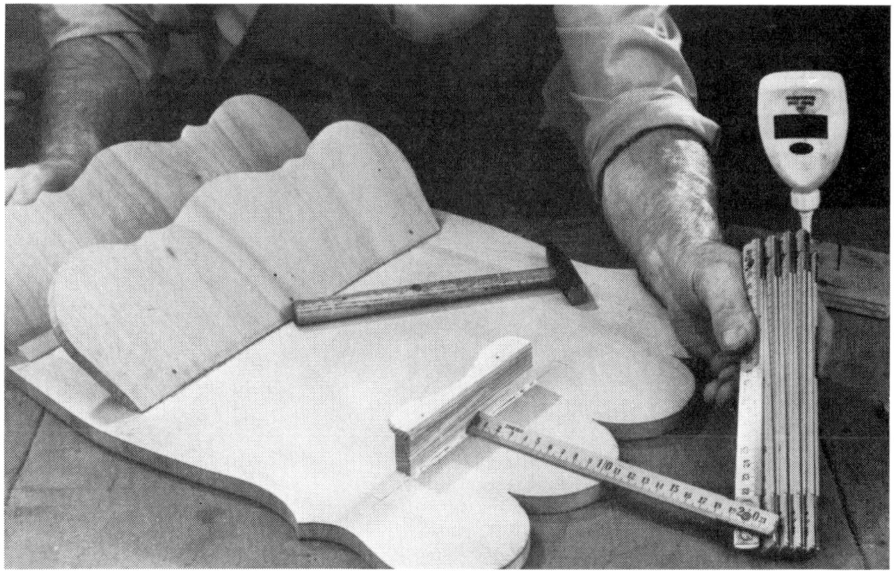

Bild 15

Bild 16

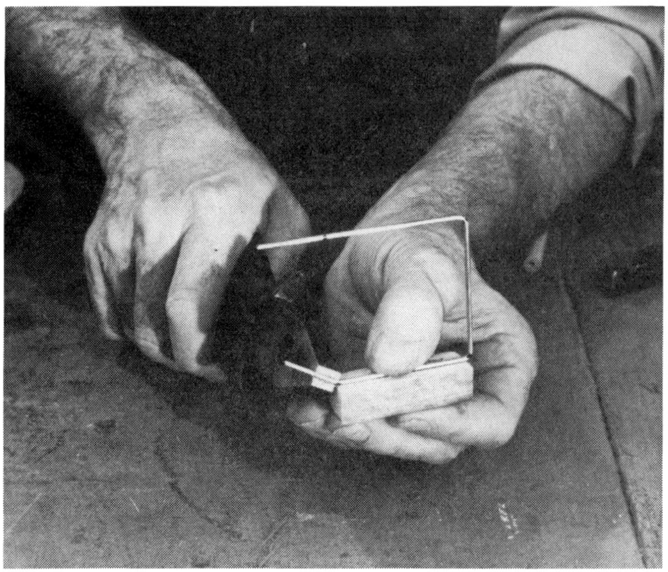

Bild 17

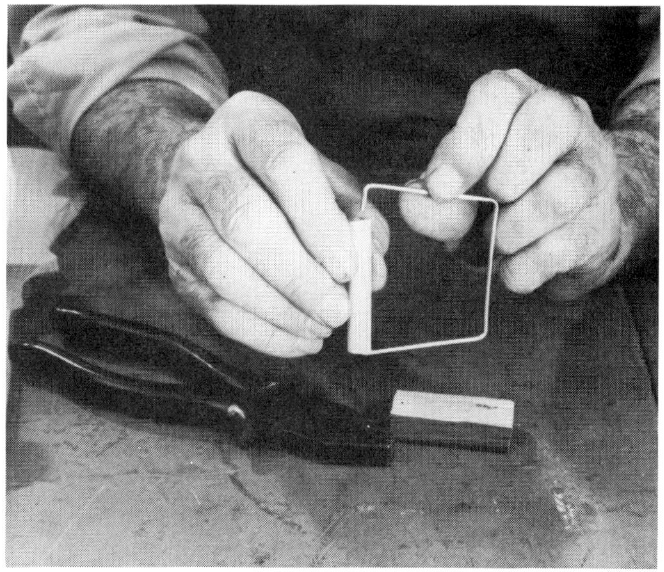

Bild 18

Die Drahtbügelhalterung machen wir aus einem 2 cm breiten und 5 cm langen Kupferblech. Um ihr ein hübsches Aussehen zu verleihen, wird die Oberfläche des Kupferblechs gehämmert. In die Börtelung wird später der Drahtbügel eingehängt (Bild 18). Ein 1 cm breites und etwas angebogenes Kupferblech, durch das das Papier geführt wird, dient zum Abreißen. Mit vier Polsternägeln werden die Bleche nach dem Anstreichen und Bemalen der Merktafel befestigt (Bild 19). Nun werden die vier Zierhaken angeschraubt und in die oberen Rundungen zwei Löcher gebohrt. Mit Schrauben und Dübeln wird die Merktafel nach der Bemalung an der Wand befestigt. Zum Grundieren und Bemalen haben wir Acryl-Latexfarbe ausgewählt.

Diese Farbe wird auch für die Bauernmalerei verwendet. Näheres über die Bemalung können Sie auch im Kapitel »Truhen« nachlesen. Nach dem Bemalen wird auch die Schiefertafel mit zwei Polsternägeln befestigt.

Bild 19

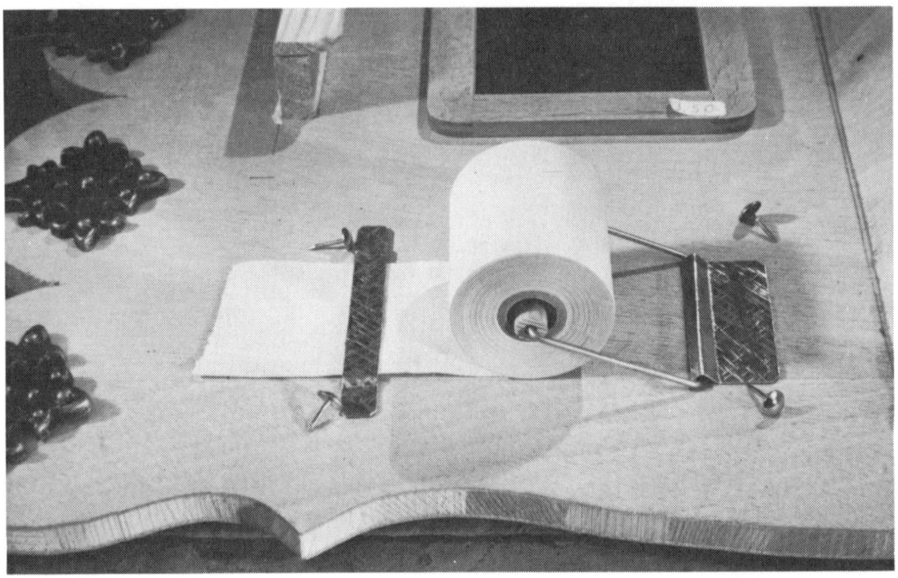

Für die Merktafel haben wir die Bauernmalfarbe „Wacofin" und den Klebstoff „Ponal" verwendet.

Kronenkorken

Auch aus kostenlosem Abfallmaterial kann man schöne und lustige Dinge basteln. Vorsichtig abgehobene Kronenkorken finden zum Bau von Tierfiguren, ja sogar für einen ganzen Zoo hervorragend Verwendung (Bild 1). Sicher wird das Gestalten von Tierfiguren auf so einfache und leicht nachvollziehbare Weise nicht nur Tierfreunden großen Spaß bereiten. Daß wir zum Bau dieser Figuren die makellosesten Kronenkorken aussuchen, versteht sich von selbst.

Bild 1

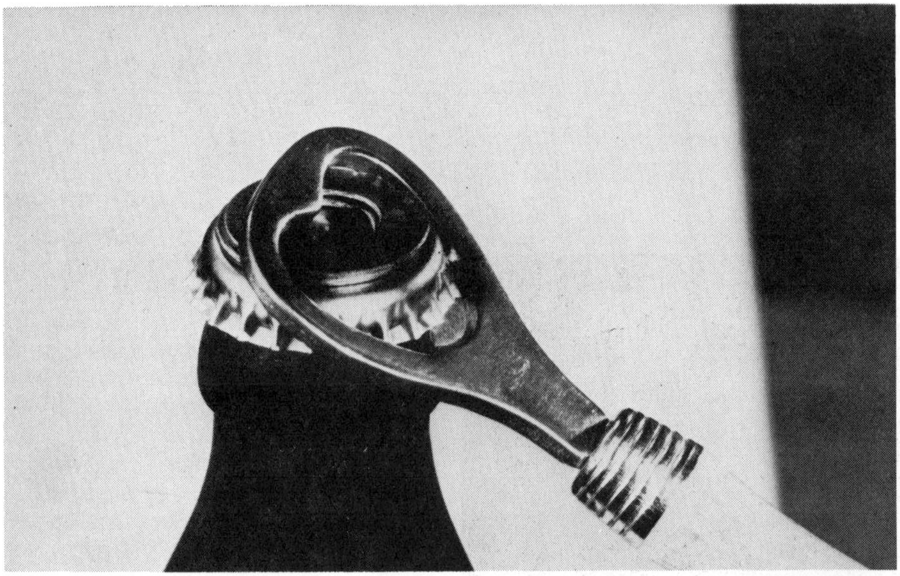

Wichtig ist ferner, daß man sie nicht schon beim Flaschenöffnen einknickt oder verbiegt. Dies kann man vermeiden, wenn man zwei große Unterlagscheiben auf den Kronenkorken legt. Hebt man den Kronenkorken dann mit einem normalen Öffner vorsichtig an, bleibt er makellos und verbiegt sich nicht (Bild 2).

Bild 2

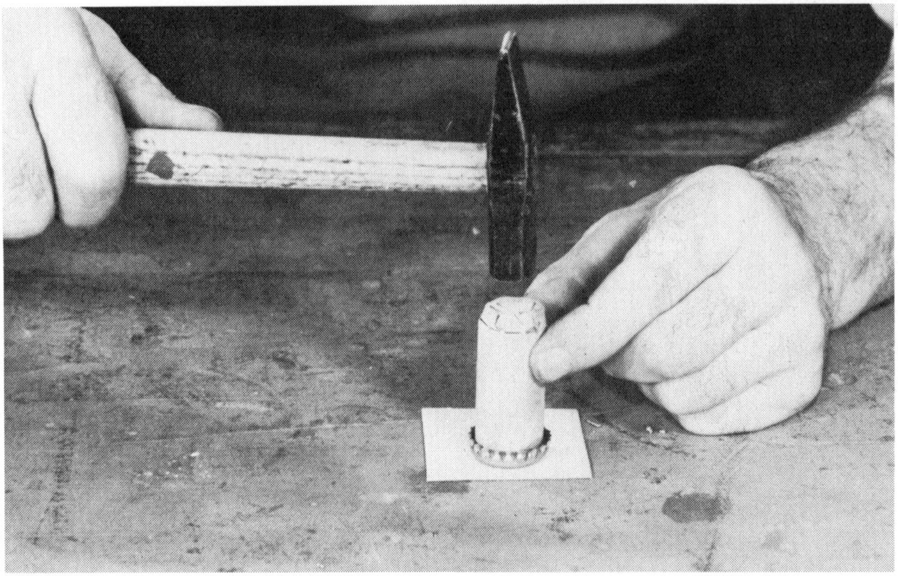

Eingeknickte Kronenkorken kann man mittels eines an der Deckelwölbung angepaßten Rundholzes ausbeulen (Bild 3).

Bild 3

Die Figuren können auf zwei Arten zusammengebaut werden, wobei man den Figuren kaum ansieht, auf welche Art sie entstanden sind (Bild 4). Das Korki-Mäuschen auf Bild 4, a wurde mit einem Zweikomponentenkleber zusammengeklebt, das Mäuschen von Bild 4, b wurde zusammengelötet.

Bild 4

Für den Aufbau, wir beginnen mit den Beinen, benötigen wir ein paar Hilfsmittel. So brauchen wir für das Zusammendrücken der Arme und Beine eine Zange (Bild 5).

Bild 5

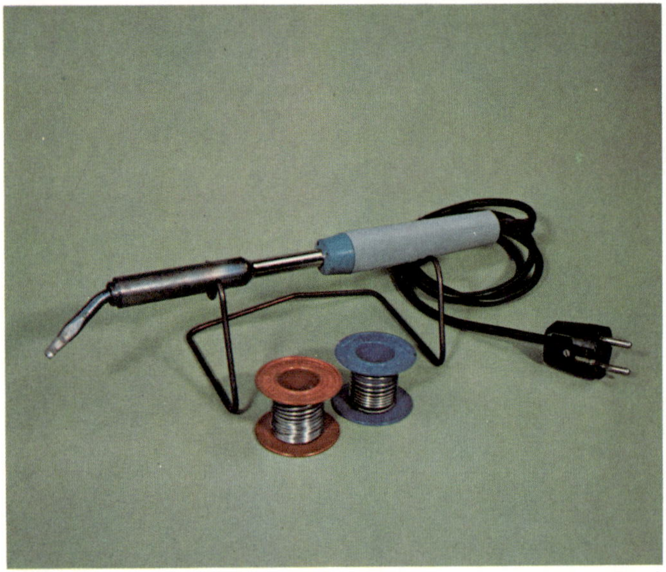

Bild 6

Bild 7

Bild 8

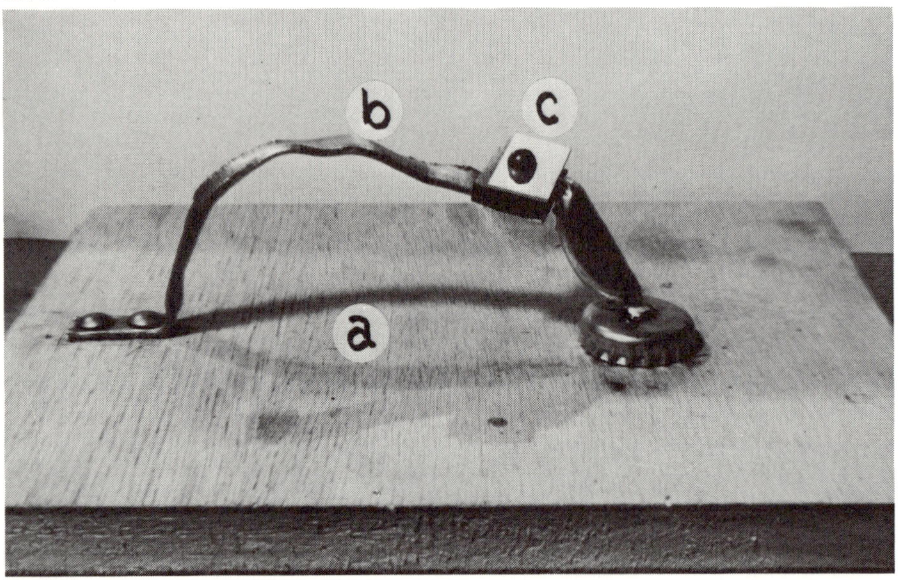

Wollen wir die Figuren löten, benötigen wir hierfür einen Elektrolötkolben mit einer Leistung von mindestens 80 Watt und säurefreien Lötzinn (Bild 6). Der Lötdraht auf blauen Rollen ist säurehaltig, auf roten Rollen säurefrei.
Als Stützen für das Zusammenbauen mit Klebstoff ist Knetmasse hervorragend geeignet (Bild 7).

Da die Teile beim Zusammenlöten recht heiß werden und dabei Knetmasse zu weich werden würde, brauchen wir hierfür eine bessere Stütze. Auf einem Brettchen (Bild 8, a) nageln wir einen Bleistreifen auf (Bild 8, b). Am Ende befestigen wir einen Magnet (Bild 8, c) aus einem handelsüblichen Magnetverschluß. Dieser wird zwischen zwei Eisenplättchen festgeschraubt. Der 2 mm dicke und etwa 1,5 cm breite Bleistreifen kann in jede gewünschte

Stellung gebogen werden. Hierfür kann man aber auch einen Aluminiumstreifen verwenden. Auch Batterieklemmen können für das Zusammenlöten eine gute Hilfe sein (Bild 9). Die Kronenkorken sind überwiegend alle lackiert. Beim Löten wird man feststellen, daß einige Fabrikate kein Zinn annehmen (Bild 10, a) und andere sich trotz der Lackschicht gut löten lassen (Bild 10, b). Wenn man die Lackschicht entfernt und den Kronenkorken anschließend etwas blank reibt, lassen sich alle Fabrikate löten.

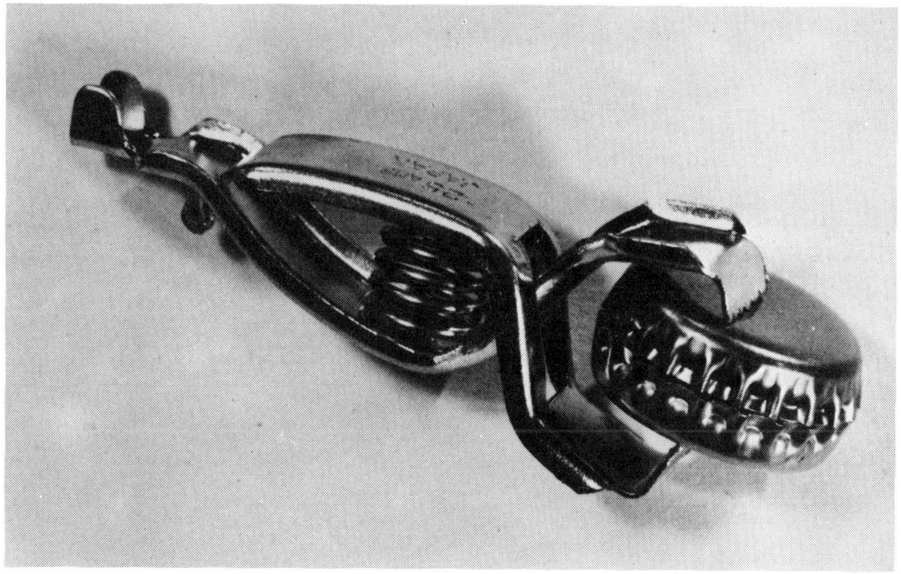

Bild 9

Bild 10

Beim Zusammenlöten werden Kolben und Zinn gleichzeitig angesetzt und die Kolbenspitze solange darangehalten, bis das Zinn verläuft. Auch beim Zusammenbau des Körpers bedienen wir uns der Magneten (Bild 11). Sind Füße und Beine in der richtigen Lötposition, kann der Körper angelötet werden (Bild 12). Auch zur Herstellung des Gesichtes (Bild 13), bestehend aus zwei Unterlagscheiben, einer Messingschraube und zwei Kupferdrähten, benötigen wir eine Hilfsvorrichtung (Bild 14). Hierbei halten zwei aufgebogene und mit Reißbrettstiften befestigte Büroklammern die Unterlagsscheiben. Die Messingschraube wird mit dem Kopf in eine Bohrung gesteckt. Auch die gebogenen Kup-

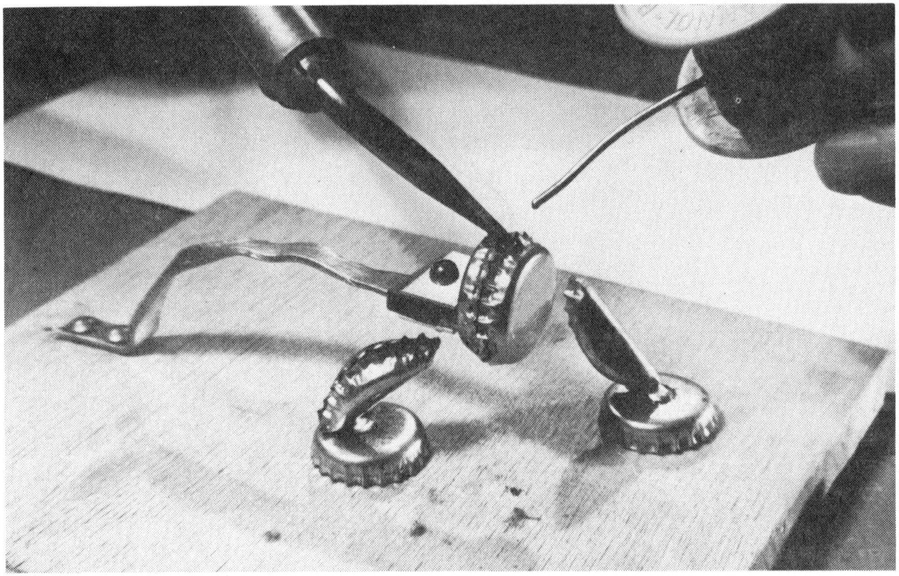

Bild 11

Bild 12

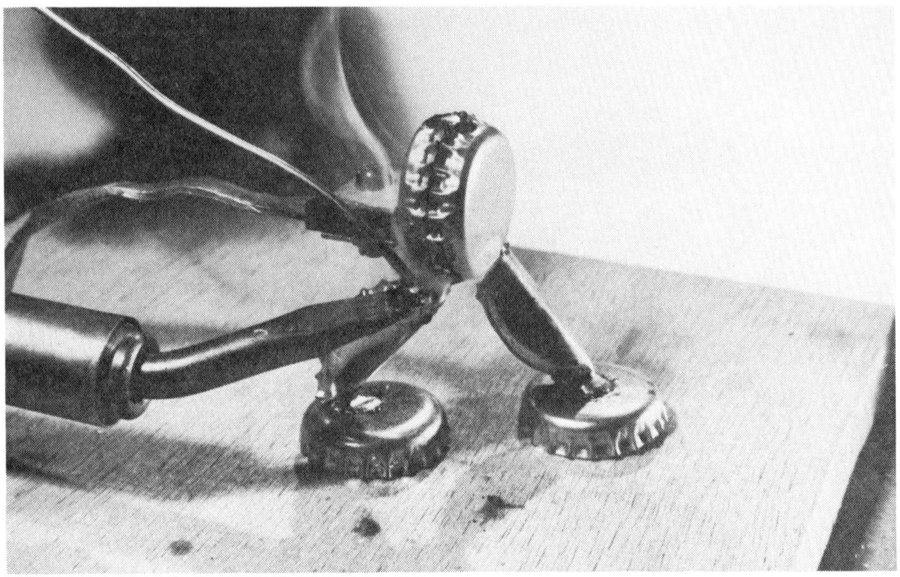

Bild 13

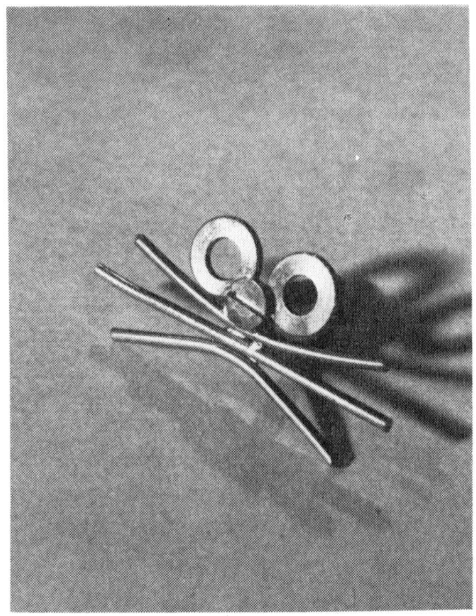

ferdrähte für den Schnurrbart werden durch Büroklammern gehalten (Bild 14). Auf dieser Hilfsvorrichtung werden die Teile zu einem Gesicht zusammengelötet. Die etwas gebogenen Ohren werden mit dem Hinterkopf verlötet. Hierbei haben wir zwei weitere Mangetverschlüsse zuhilfe genommen (Bild 15).

Für die Kopf-Vorderseite machen wir einen Kronenkorken innen blank und schlagen mit einem Nagel ein Loch ein. Durch dieses Loch wird die Schraube gesteckt und innen verlötet (Bild 16). Dabei muß man darauf achten, daß die Schraube nicht zu heiß wird, da sonst Augen und Schnurrbart wieder abfallen.

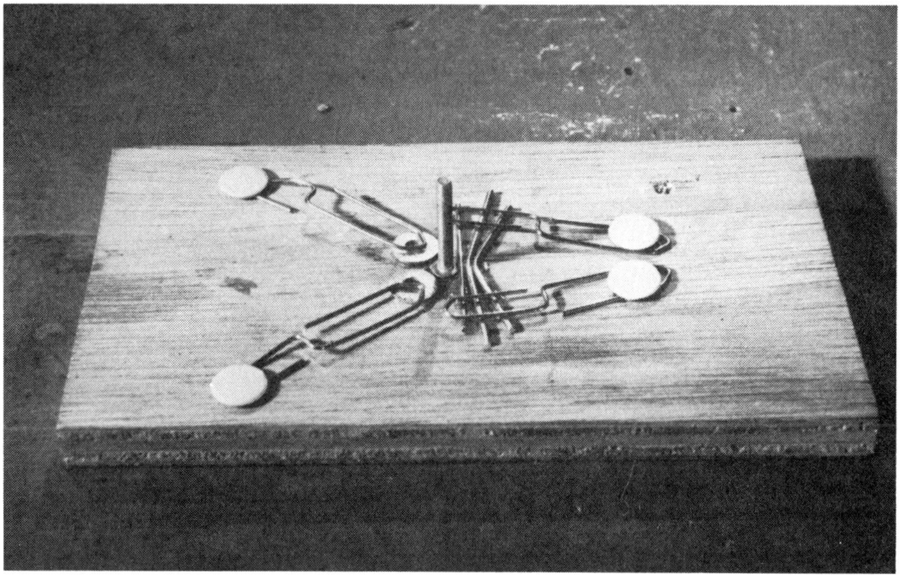

Bild 14

Bild 15

Bild 16

Bild 17

Nun wird Vorder- und Rückseite des Kopfes zusammengelötet und der Kopf mit dem Rumpf verbunden (Bild 17). Neben den Armen bekommt unsere Korki-Maus auch einen langen Schwanz aus verzinktem Draht, der ebenfalls angelötet wird.
Die Bilder 18 und 19 zeigen weitere Möglichkeiten, Figuren aus Kronenkorken zu basteln. Sicher werden Ihnen dabei noch viele weitere Tiere einfallen, die sich auch aus Kronenkorken herstellen lassen.

Für den Zusammenbau der Kronenkorken-Figuren haben wir den säurefreien Lötzinn „Stannol-Radiolot" und den Klebstoff „Stabilit Express" verwendet.

Bild 18

Bild 19

Flughafen

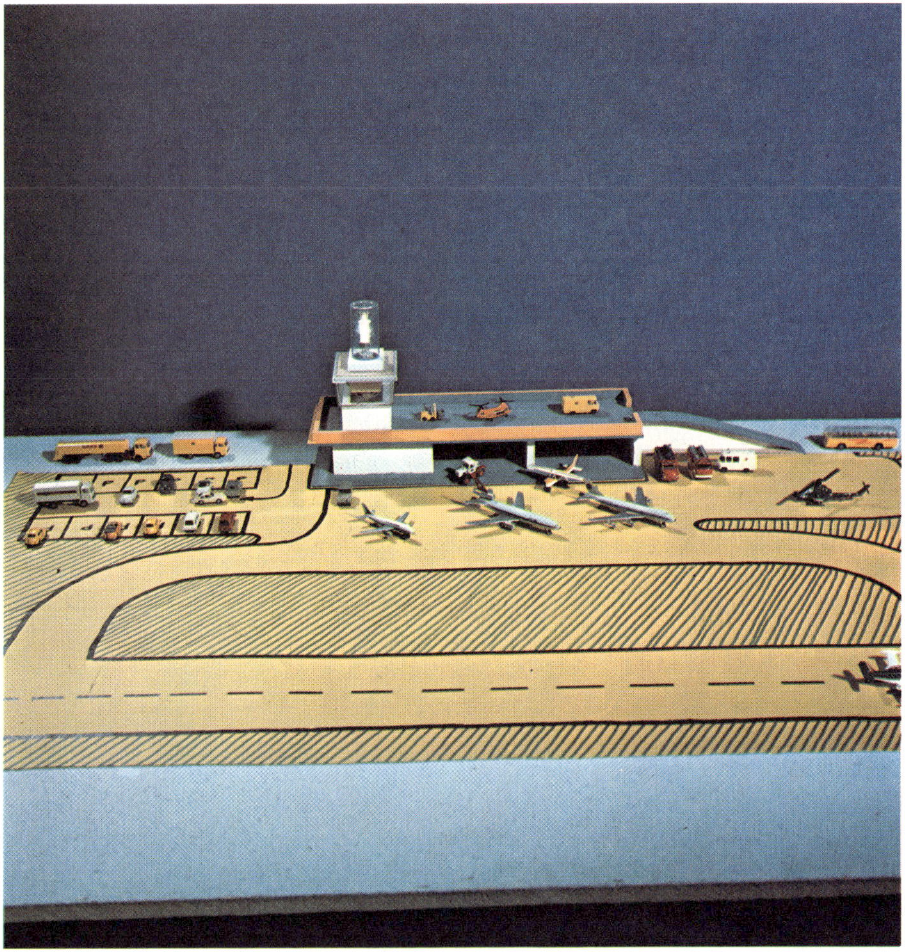

Moderne Flughäfen und Flugzeuge gehören zu den großartigsten technischen Errungenschaften der Menschheit. Noch vor etwa 40 Jahren bestand ein Flughafen fast nur aus Zelten oder Holzbaracken und Graslandestreifen. Wir wollen hier einen Modell-Flughafen nach neuen modernen Maßstäben mit Tower, Flughafengebäuden und Landebahnen bauen (Bild 1). Das Flugfeld gestalten wir aus einer 70 x 140 cm großen abwaschbaren, gelben Plastiktischdecke. Mit wasserfesten Filzschreibern in grün und schwarz werden die Rasenflächen und Begrenzungen aufgemalt. Nach dem Spielen kann die Anlage schnell und platzsparend weggeräumt werden. Mittels einer separaten Auffahrt können Fahrzeuge bis zur Aufsichtsplattform hochfahren.

Bild 1

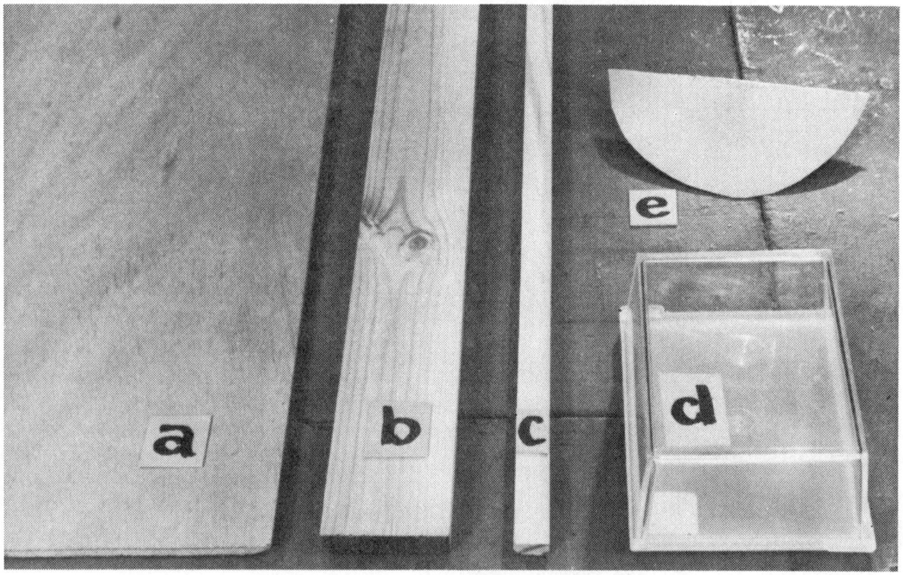

Bild 2 zeigt das hierfür erforderliche Material:

a) Sperrholz 3 mm dick, ca. 50 x 50 cm
b) Leiste 50 x 10 mm, ca. 2 m
c) Leiste 15 x 10 mm, ca. 1,5 m
d) Klarsicht-Butterdose aus Plastik, 10 x 13 x 5 cm
e) Weißblechrest ca. 5 x 10 cm.

Am Bodenbrett werden drei Seiten, am besten mit einem Kleinhobel abgeschrägt.

Bild 2

Das Messer des Kleinhobels besteht aus einer starken Rasierklinge, die leicht auszuwechseln ist (Bild 3). Wer keinen Hobel hat, kann die Kanten auch aufgelegt mit einer Raspel oder mit Glaspapier abschrägen.

Bild 3

Bild 4

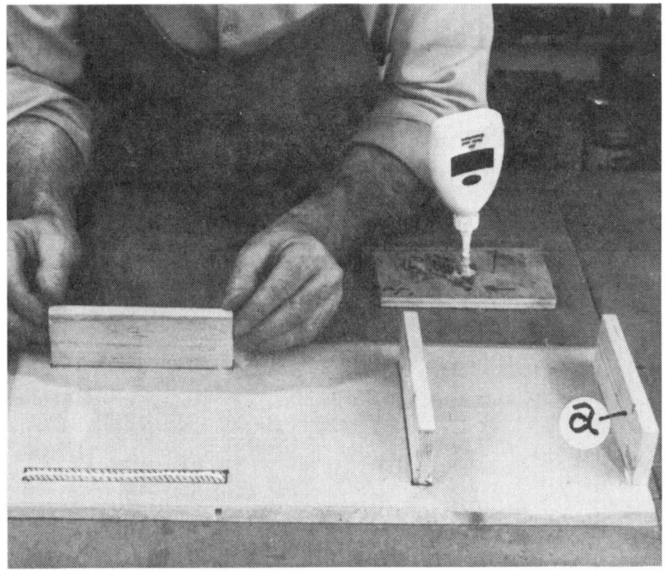

Bild 6

Weißer Holzleim, satt aufgetragen, macht die dünne Sperrholzkante fester. Aus der 50 mm breiten Fichtenleiste schneiden wir uns die vier Wandbrettchen, je 15 cm lang, zu (Bild 4).
Die Maße des Daches und der Plattform zeigt nochmals Bild 5.
Im Abstand von 3,5 cm zu den Außenkanten leimen wir die Zwischenwände auf. Die Stellen sollten wir uns zuvor, wie auf Bild 5 ersichtlich, markieren (Bild 6). Nun muß man den Leim abbinden lassen.

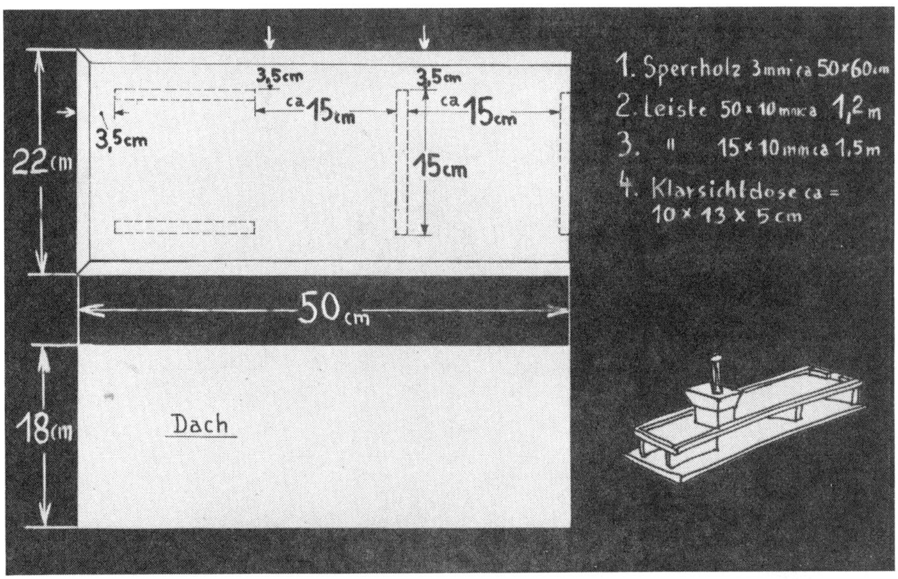

Bild 5

Bevor wir die obere Plattform aufsetzen, werden der Boden und die Wände angestrichen, da man jetzt noch mit dem Pinsel leicht in alle Ecken kommt (Bild 7). Für den Anstrich verwenden wir eine schnelltrocknende Latexfarbe, einen sogenannten Innenbinder. Die Wände könnte man in Weiß, die Böden dagegen in Grau, das mit Blau und Schwarz abgetönt wurde, anlegen.

Bild 7

Unverdünnt kann man mit dem Pinsel tupfend einen reizvollen Rauhputz-Effekt erzielen (Bild 8).

Bild 8

Bild 9

Bild 11

Bild 10

Sind die Wände trocken, kann der Boden hellgrau gestrichen werden. Ist auch diese Farbe trocken, wird die Plattform aufgeleimt (Bild 9). Die Randleisten der Plattform werden so zugeschnitten, daß die Plattform etwa 5 mm an drei Seiten übersteht (Bild 10). Nun wird der Unterbau für die Plastikdose zusammengeleimt. Er besteht aus vier Brettchen des gleichen Materials wie die Wände (Bild 11). Die Brettchen werden so zugeschnitten, daß der fertige Rahmen genau in die Bodenvertiefung der Dose paßt (Bild 12).

Bild 12

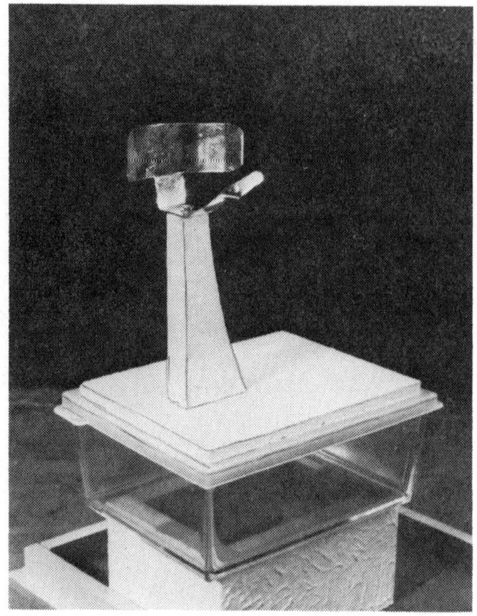

Bild 13

Bild 14

Ein 5 mm Sperrholzbrettchen, dem Dosendeckel entsprechend, wird mit einem Standholz für das Radargerät auf den Dosendeckel geleimt (Bild 13). Aus dem Blech einer leeren Konservenbüchse schneiden wir die Radarantenne aus und runden die scharfen Blechkanten mit Schmirgelleinen ab.

Aus der 5 cm Leiste, aus der wir auch die Wände gemacht haben, schneiden wir den Steg für die Auffahrtsrampe, etwa 25 cm lang (Bild 14).

Den oberen Sperrholzstreifen schneiden wir so aus, daß die Holzfasern quer verlaufen, da er sich so leichter biegen läßt (Bild 15).

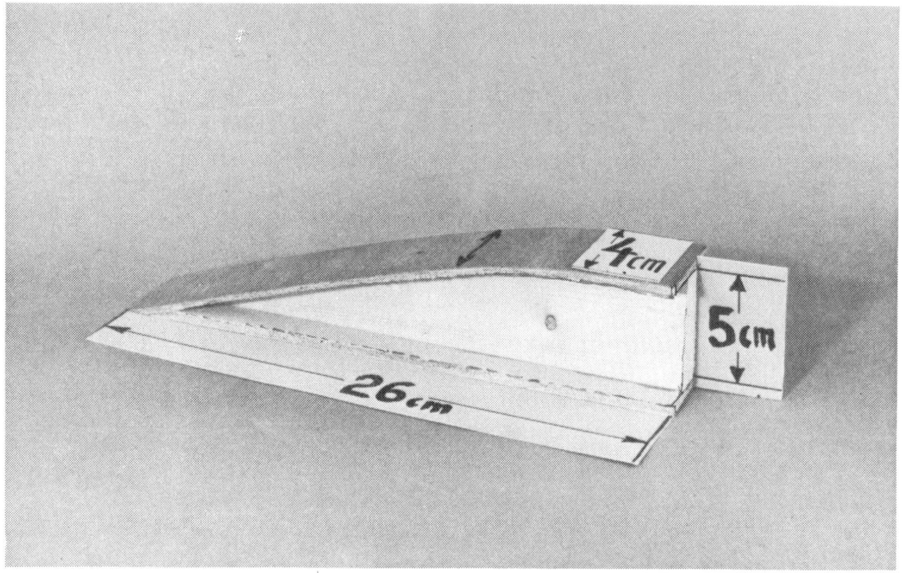

Bild 15

Anstelle des Radargerätes kann man auch ein elektrisches Drehfeuer montieren (Bild 16).

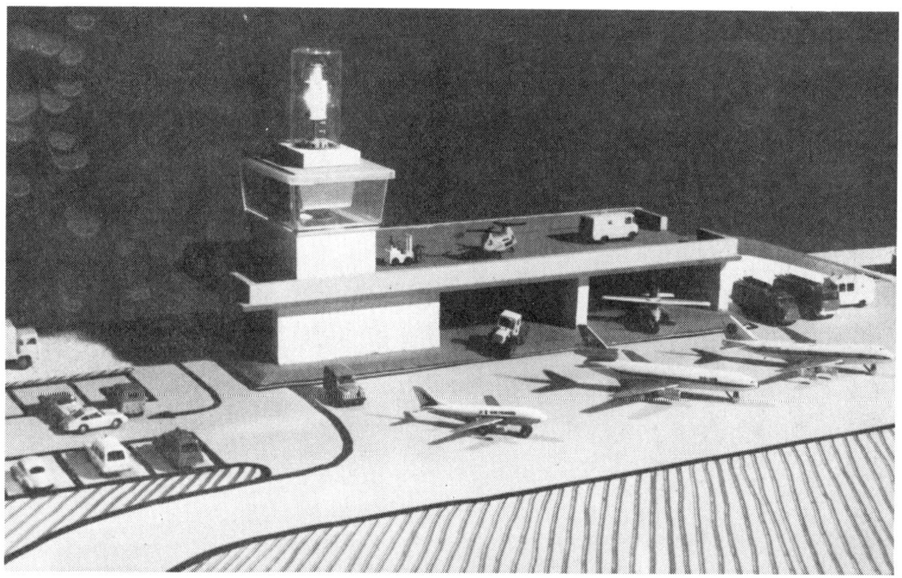

Bild 16

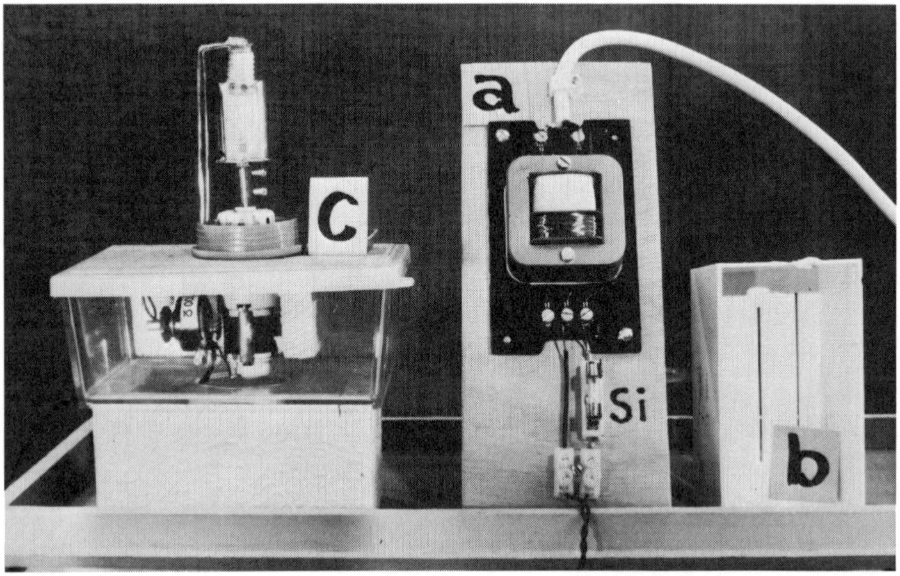

Bild 17

Wie man aus der nachfolgenden Beschreibung ersieht, läßt sich dieses sehr leicht bauen. Kernstück des Drehfeuers ist ein 6-Volt Gleichstrom-Motor, der mit unterschiedlich wählbaren Untersetzungen (Bild 17, c) mit ca. 6 Volt aus einem Klingel-Transformator (Bild 17, a) betrieben werden kann. Auf Bild 18 haben wir die Blinkanlage zur besseren Einsicht umgedreht.

Ein 50 Ohm Drahtpotentiometer regelt zusätzlich die Drehzahl. Der vom Klingel-Trafo abgegebene Wechselstrom wird durch Gleichrichter (Bild 18, G) (BY 127) in Gleichstrom verwandelt, denn der Motor läuft nur mit Gleichstrom wie ihn z. B. eine Batterie abgibt. Die zweite Zuleitung geht über den Regler (Bild 18, R) zur feineren Drehzahlregelung zum Motor. Der Weißblechreflektor sitzt mit der festgeschraub-

Bild 18

Bild 19

Bild 20

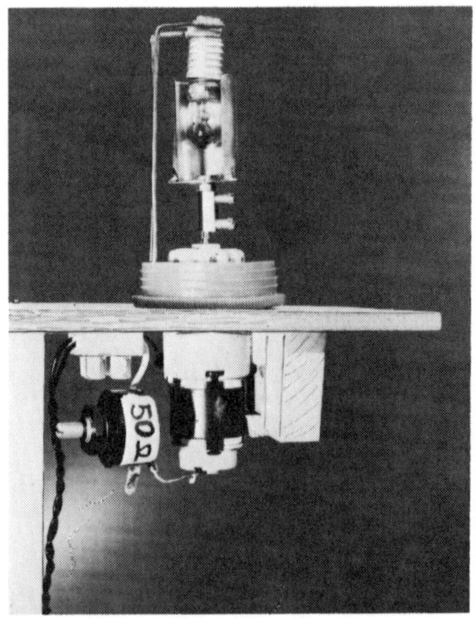

ten Lüsterklemme auf der Motorachse (Bild 19, c). 2 Kupferdrähte halten die Lampenfassung. Das Lämpchen wird mit 6 Volt Wechselstrom betrieben.
Bild 20 zeigt das zusammengebaute Blinkgerät ohne Verkleidung.

Das Speisegerät, ein Klingeltransformator auf einem Brett (Bild 21, a) darf nur abgedeckt betrieben werden (Bild 22). Den 6 Volt-Ausgang sichern wir zusätzlich mit 1 Ampere ab (Bild 21, Si und 22, Si).
Auf Bild 24 ist nochmals die gesamte Schaltung aufgezeichnet. Der Klingeltrafo mit dem 220 Volt Eingang. Die 6 Volt Niederspannung gehen einmal direkt zum Lämpchen über die Sicherung und zum zweiten über den 50 Ohm Regler und den Gleichrichter zum Motor, der ja mit 6 Volt Gleichstrom betrieben wird.

Bild 21

Anstelle der Radarantenne wird dann das Drehfeuer auf den Tower gesetzt (Bild 23).

Bild 23

Bild 22

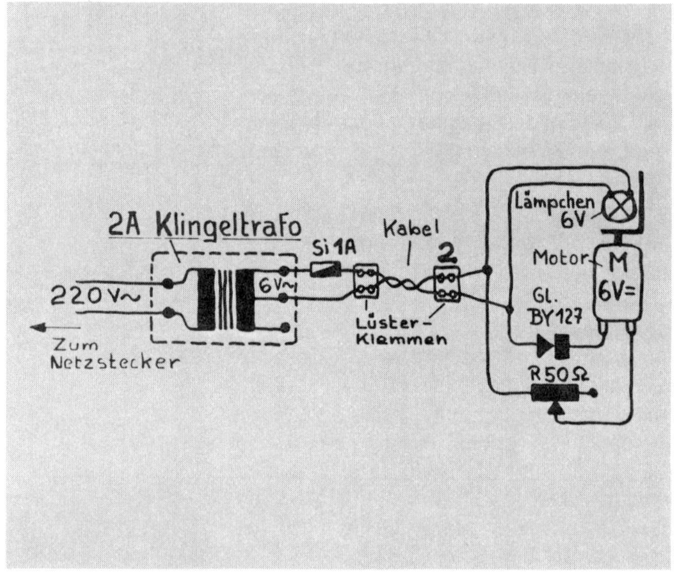

Bild 24

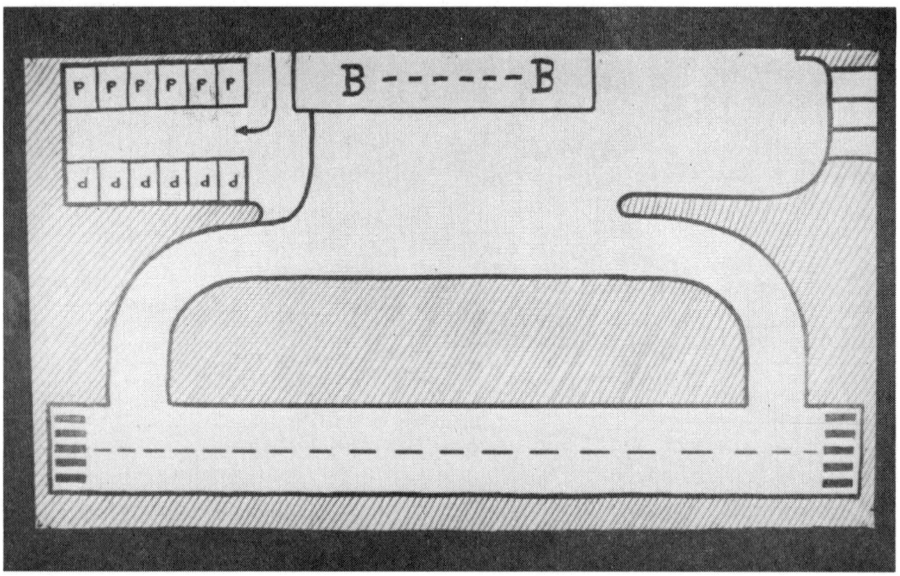

Bild 25

Der Klingeltrafo könnte berührungssicher unterhalb des Towers im Gebäude untergebracht werden. Natürlich könnte man diese Anlage auch mit Batterie betreiben. Wie Bild 25 zeigt, haben wir auf eine Plastiktischdecke in der Größe 70 x 140 cm (Material Skay, uni-gelb) mit Bleistift ein Flugfeld mit Landebahn vorgezeichnet.

Mit wasserfesten Filzschreibern werden Rasenflächen, Landebahnen und Parkplätze aufgemalt (Bild 26). Zum Schluß beleben wir unsere Anlage mit vielen Autos und Flugzeugen (Bild 27). Jetzt kann das reizvolle Flughafen-Spiel beginnen – Starten, Landen und Warten der Flugzeuge, Auftanken von Flugzeugen und Fahrzeugen, Einweisen in die Landebahnen und vieles mehr.

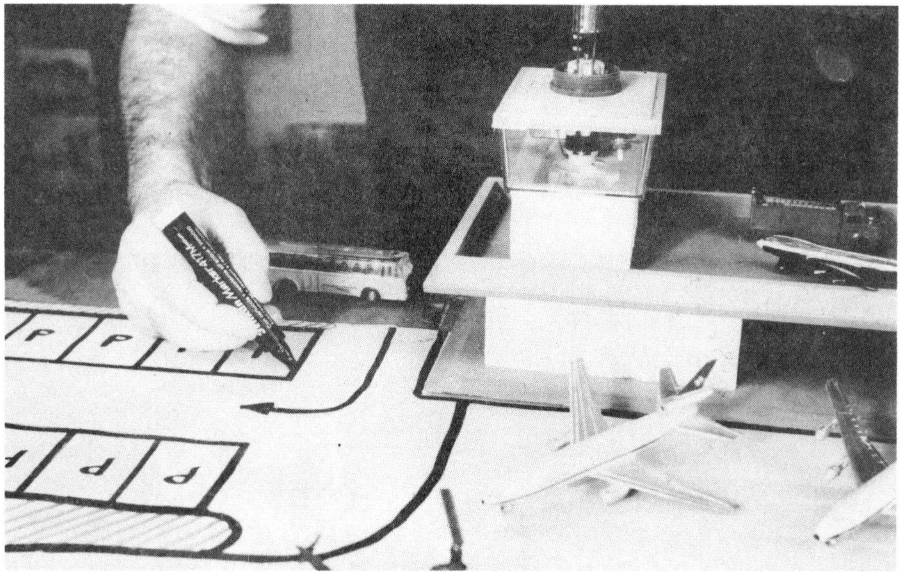

Bild 26

Bild 27

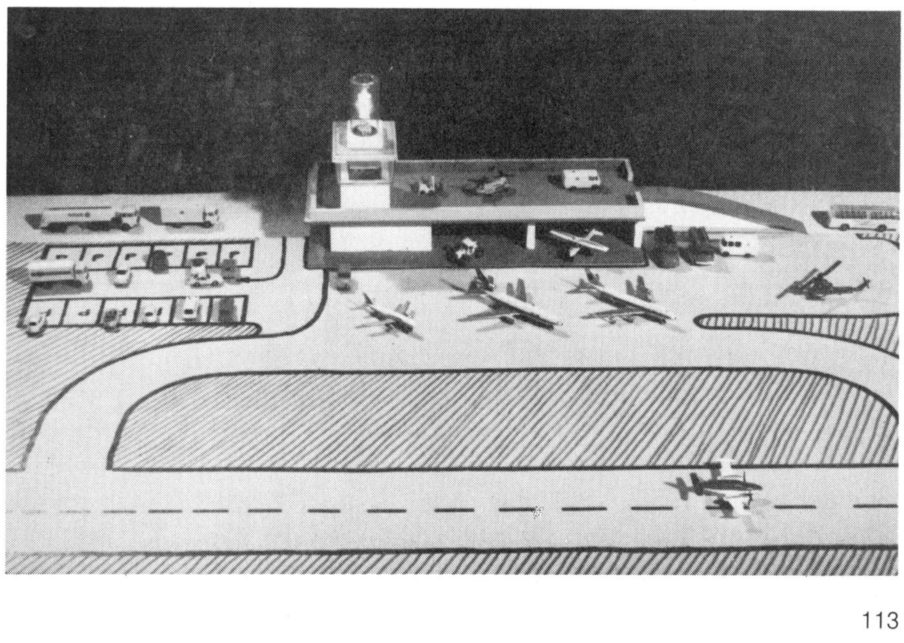

Die hierfür verwendeten Trafo- und Elektronikteile sind im Fachhandel oder von dem Versand Bühler elektronik, Postfach 32, 7570 Baden-Baden, unter dem Kennwort „Bausatz Flughafen-Drehfeuer" erhältlich.

Kaleidoskop

Ein Kaleidoskop ist ein optisches Spielzeug. Es wurde bereits im Jahre 1817 erfunden und erfreut heute noch jung und alt. Jeder, der einmal in ein Kaleidoskop geblickt hat, war sicher überrascht und fasziniert von dem vielfältigen Zufallspiel der kleinen bunten Glassplitter.

Dabei läßt sich dieses Kaleidoskop mit nur wenigen Mitteln sehr preiswert herstellen und ist nicht zuletzt ein hübsches Spielzeug und schönes Geschenk. Die Bilder 2, 3 und 4 zeigen, wie vielfältig so ein Blick in das Kaleidoskop sein kann.

Hauptbestandteile des Kaleidoskops sind drei gleiche Spiegelglasstreifen, eine Kartonröhre und bunte Glas- oder Granulatsplitter (Bild 5).

Bild 6 zeigt die Bestandteile und deren Zusammensetzung: die drei Spiegelglasstreifen, einen Karton mit einem Mittelloch zum Durchschauen, eine Glasscheibe, einen Kartonring mit bunten Glassplittern, eine Scheibe zum Abdecken, Transparentpapier und einen Drahtring. Die Spiegelglasstreifen sollen zwischen 15 und 20 cm lang sein. Wir schneiden sie uns selber, entsprechend der Kartonröhre zu.

Bild 1

Bild 2

Bild 3

Bild 4

Bild 5

Bild 6

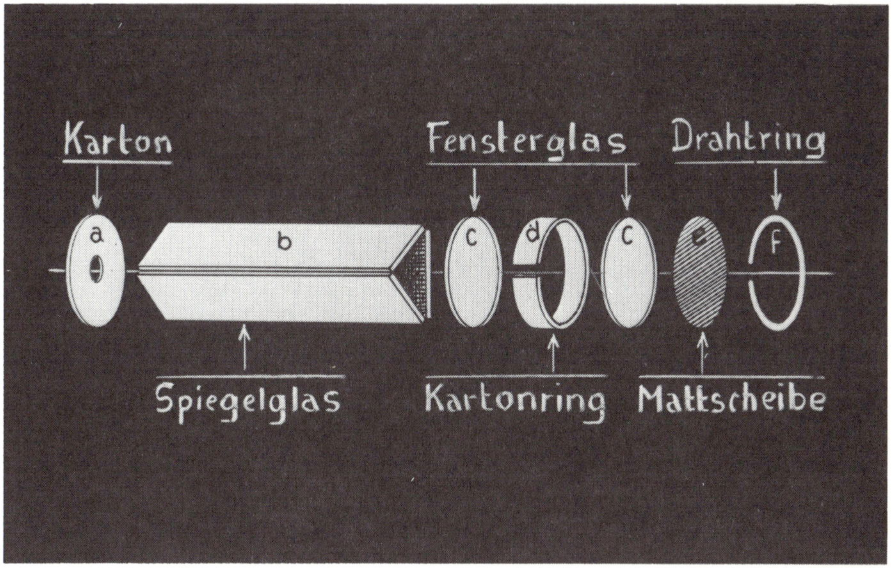

Bild 7

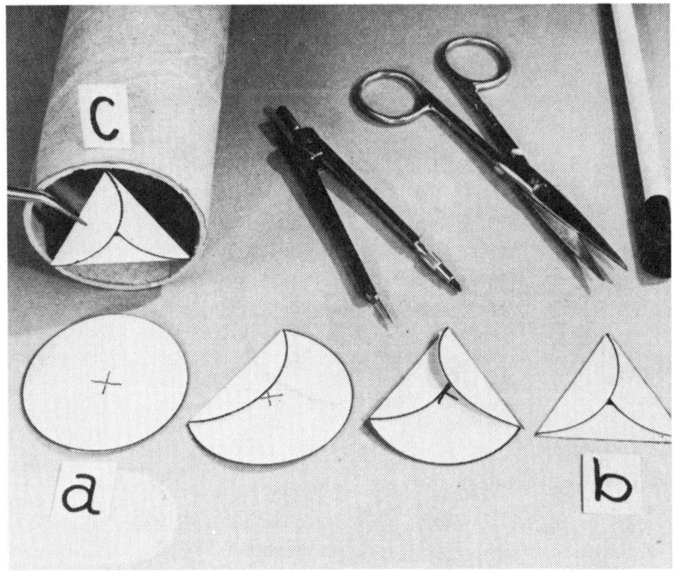

Bild 8

Bild 9

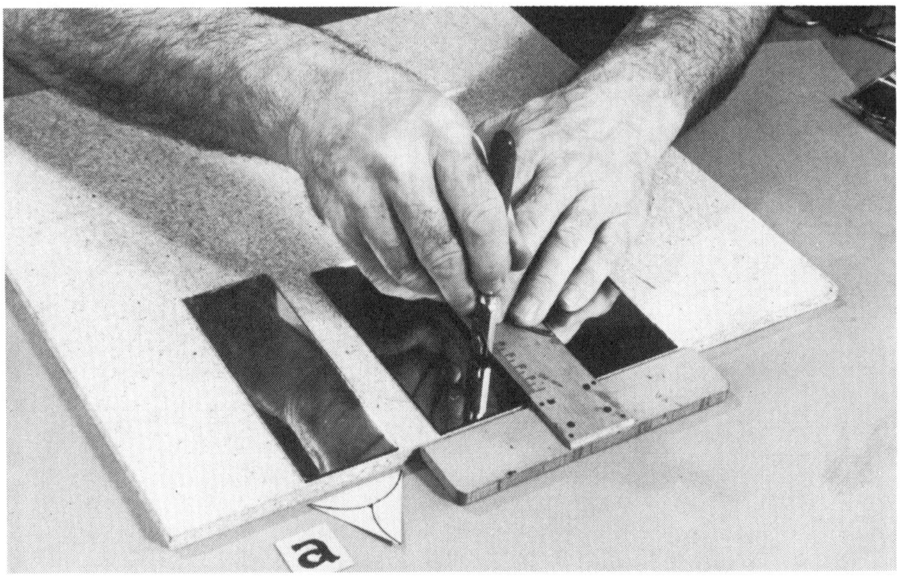

Die Spiegel müssen genau passend in der Röhre sitzen (Bild 7). Die genaue Breite ermitteln wir wie auf Bild 8 dargestellt: Wir zeichnen uns auf ein Papier einen Kreis vom gleichen Innendurchmesser wie die Kartonröhre (6 cm) auf (Bild 8, a). Diesen schneiden wir aus und falten ihn dreimal bis zum Mittelpunkt (Bild 8, b). Dabei erhalten wir das genaue Maß der Spiegeldreiecke (Bild 8, c), Seitenlänge ist gleich Spiegelbreite.

Das Glas legen wir im Winkel an, wobei wir 2 mm zugeben müssen, da beim Glasschneider das Schneiderad etwa in der Mitte sitzt (Bild 9). Bei diesem Glasschneider sitzen sechs Silberstahlräder auf einem feststellbaren Radkranz. Ist ein Schneiderad stumpf, kann man es einfach durch Lösen der Mittelschraube und Weiterdrehen des Radkranzes durch ein neues ersetzen.

Man sollte stets zügig schneiden und dann das abgeschnittene Teil abbrechen (Bild 10). Wer sich vor der Arbeit mit diesem scharfkantigen Glas scheut, möge hierfür ruhig Arbeitshandschuhe anziehen.

Um das Kartonrohr rechtwinklig abschneiden zu können, legen wir um das Rohr einen Papierstreifen und zeichnen so die Schnittlinie an (Bild 11). Danach können wir das Rohr sauber mit der Schere zuschneiden.

Zum Schneiden der runden Glasscheiben bauen wir uns eine Drehscheibe, die man später auch anderweitig bei anderen Basteleien verwenden kann. Sie besteht aus einem Grundbrett (Bild 12, b), aus einem Aufbau (Bild 12, c und d), zwei eingedrehten Schraubösen (Bild 12, h), zu den Ösen ein passender Nagel (Bild 12, f); wo die Achse aufsitzt, sorgt ein Blechstück

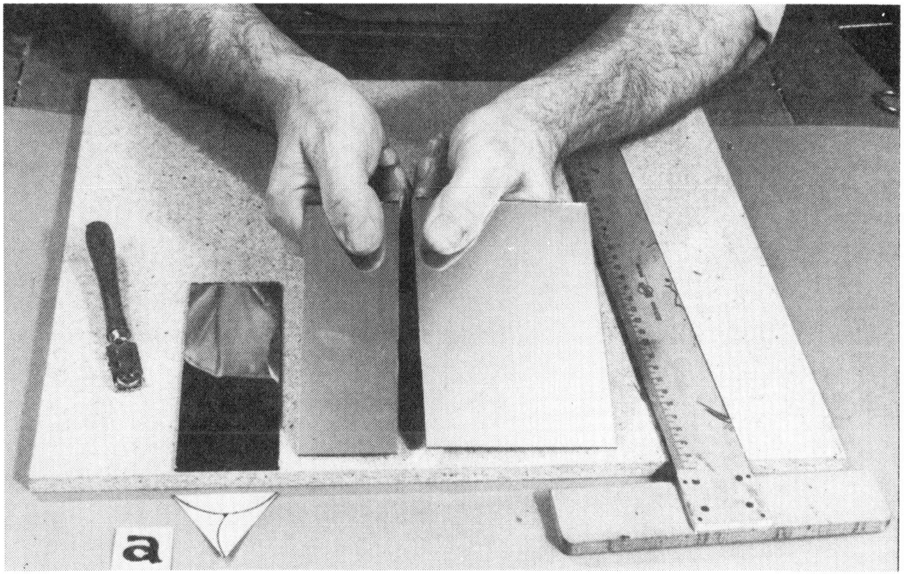

Bild 10

Bild 11

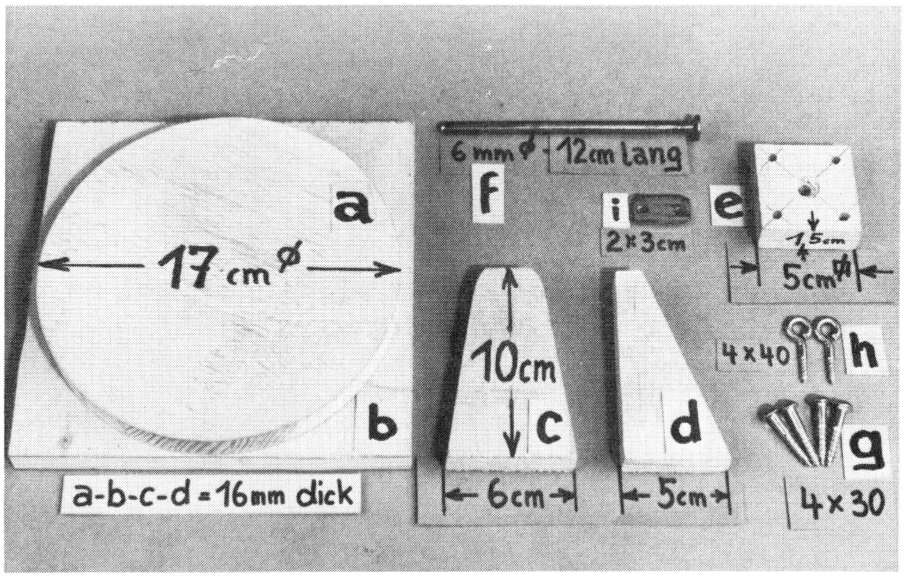

Bild 12

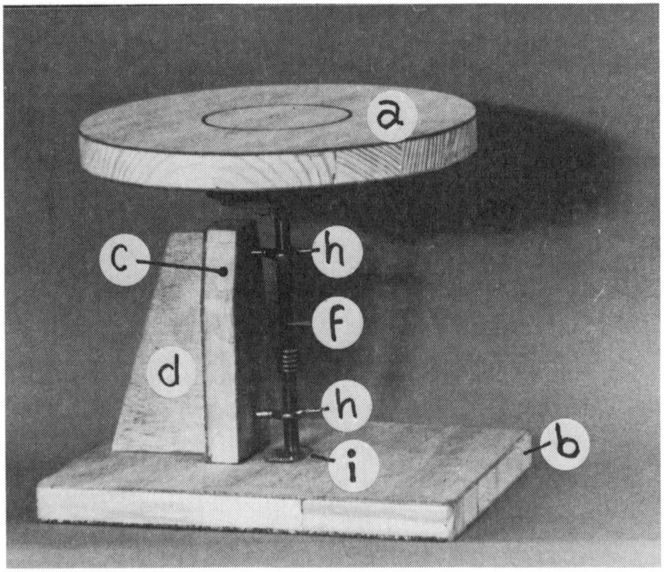

Bild 13

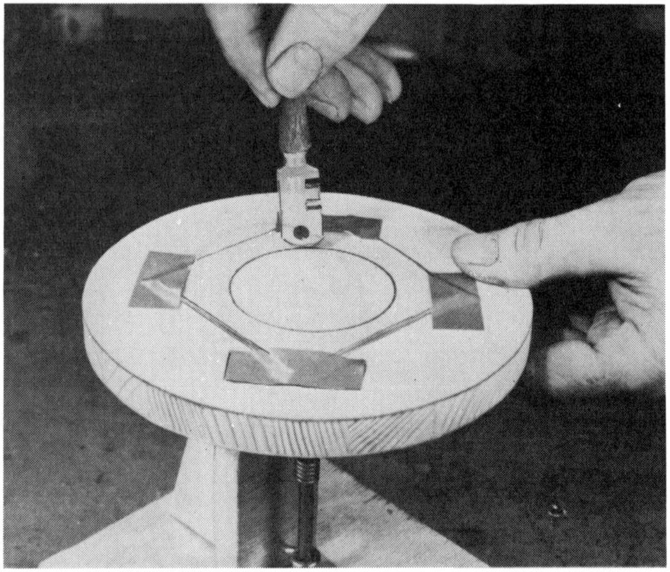

Bild 14

Bild 15

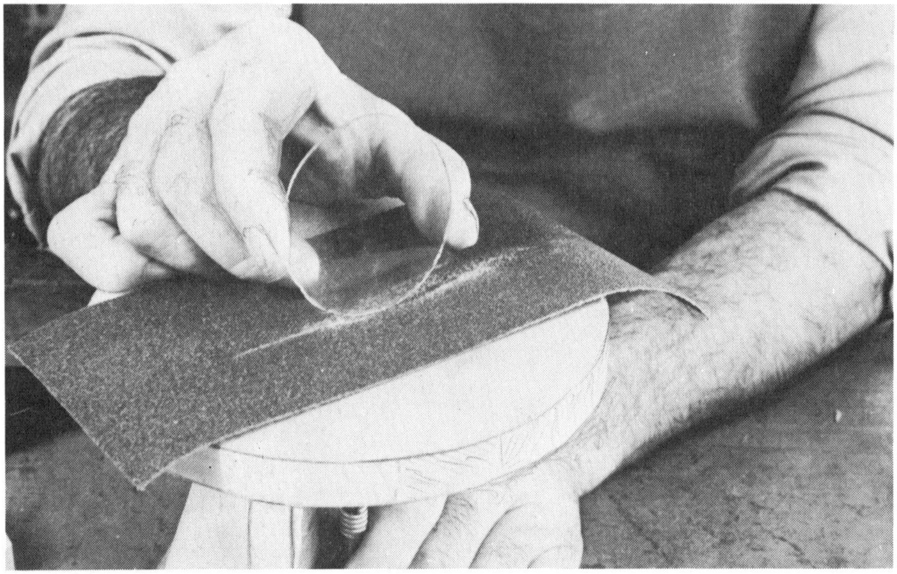

(Bild 12, i) für leichten Lauf. Das Drehteil besteht aus dem Teller (Bild 12, a) und der Achse (Bild 12, e). Die Achse wird mit den Schrauben (Bild 12, g) auf dem Teller festgeschraubt. Der Nagel wird in der Mitte des Hartholzstückes (Bild 12, e) vorher mit einem Zweikomponentenkleber eingesetzt.

Sitzt der Nagel nicht genau rechtwinklig im Holz, wird die Scheibe taumeln. Dieses kann man durch unterlegte Papier- oder Kartonstücke ausgleichen. Die fertige Drehscheibe zeigt Bild 13.

Zum Schneiden einer runden Scheibe zeichnen wir einen Kreis mit dem gegebenen Durchmesser auf. Mit Klebeband heften wir die Scheibe an und schneiden (Bild 14). Durch ein leichtes Klopfen mit dem Glasschneider gegen die Scheibe trennt sich das Glas am Schnitt und kann dann mit der Kombizange weggebrochen werden.

Dabei sollte man jedoch viel Fingerspitzengefühl anwenden. Kleine Unebenheiten des Glasrandes kann man mit Schmirgelleinen abrunden (Bild 15). An der Gucklochseite verwenden wir, falls vorhanden, die Plastik-Kappe (Bild 16, a), in die wir ein kleines Loch einschneiden. Oder aber wir schneiden uns eine passende Kartonscheibe mit einem Loch zu und setzen diese dann mit Klebstoff ein (Bild 16).

Bild 16

Nun können wir am anderen Ende die Glasscheibe einsetzen. Sie muß fest auf den Enden der Spiegelglasscheiben aufliegen (Bild 17). Dann setzen wir den 15 mm breiten Kartonring ein (Bild 17).

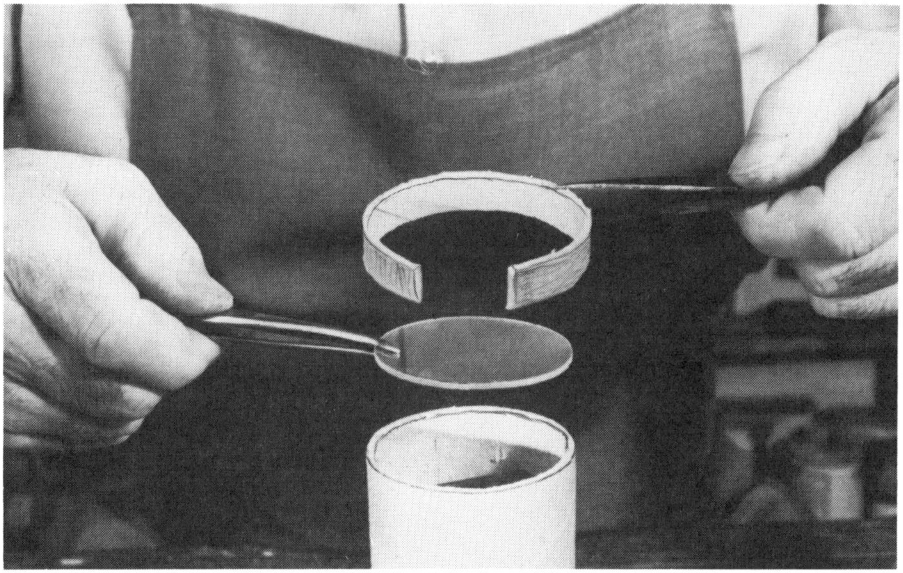

Bild 17

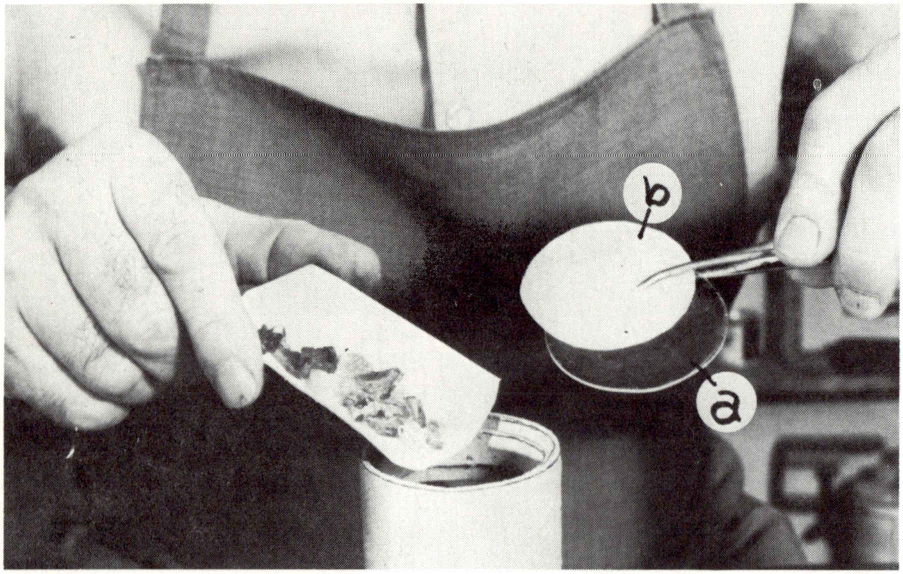

Er dient als Distanzstück, in den die bunten Glassplitter eingefüllt werden (Bild 18).
Bei den Splittern sollte man darauf achten, daß sie leuchtende Farben haben und von unterschiedlicher Größe und Form sind.
Sind die Glassplitter eingefüllt, wird die Glasabdeckscheibe aufgelegt (Bild 18, a).
Dann wird die Mattscheibe oder eine Scheibe aus Transparentpapier aufgelegt (Bild 18, b). Hierfür kann man aber auch eine durchsichtige Zelluloid- oder Plastikscheibe verwenden. Man muß diese jedoch so matt schleifen, daß sie undurchsichtig wird.

Bild 18

Nun wird ein offener Drahtring, etwas größer als der Innendurchmesser des Papprohres, aufgesetzt, der durch seine Federkraft das ganze zusammenhält (Bild 19).
Zum Schluß wird das Kaleidoskop nun mit bunten Klebestreifen und mit Tapetenresten verziert.

Bild 19

Das neue Hundebuch
(0009) Von W. Busack, überarbeitet von Dr. med. vet. A. Hacker, 104 S., zahlreiche Abb. auf Kunstdrucktafeln, kart., DM 5,80

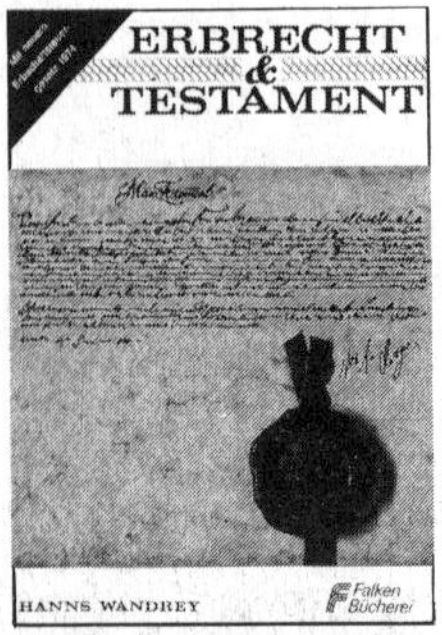

Erbrecht und Testament
mit Erbschaftssteuergesetz 1974
(0046) Von Dr. jur. H. Wandrey, 112 S., kart. DM 6,80

Geschäftliche Briefe des Handwerkers und Kaufmannes
(0041) Von A. Römer, 96 S., kart. DM 5,80

Der neue Briefsteller
(0060) Von I. Wolter-Rosendorf, 112 S., kart., DM 5,80

Fibel für Zuckerkranke
(0110) Von Dr. med. Th. Kantschew, 148 S., Zeichng., Tabellen, kart., DM 6,80

Die erfolgreiche Bewerbung
(0173) Von W. Manekeller, 152 S., kart., DM 8,80

Verse fürs Poesiealbum
(0241) Von Irmgard Wolter, 96 S., 20 Abb., kart., DM 4,80

Heimwerker-Handbuch
Basteln und Bauen mit elektrischen Heimwerkzeugen
(0243) Von Bernd Käsch, 240 S., 229 Fotos und Zeichnungen, kart., DM 9,80

Großes Rätsel-ABC
(0246) Von H. Schiefelbein, 416 S., gbd., DM 16,–

Stricken, häkeln, loopen
(0205) Von Dr. Marianne Stradal, 96 S., 100 Abb., kart., DM 5,80

Karate — ein fernöstlicher Kampfsport Band 1
(0227) Von Albrecht Pflüger, 136 S. mit 195 Fotos und Zeichnungen, kart., DM 9,80

Wie soll es heißen?
(0211) Von Dr. Köhr, 88 S., kart., DM 4,80

Beliebte und neue Kegelspiele
(0271) Von Georg Bocsai, 92 S., 62 Abb., kart., DM 4,80

Vorbereitung auf die Geburt
(0251) Schwangerschaftsgymnastik, Atmung, Rückbildungsgymnastik. Von Sabine Buchholz, 112 S., 98 Fotos, kart., DM 6,80

Flugmodelle
bauen und einfliegen
(0361) Von Werner Thies und Willi Rolf, 160 S., 83 Abbildungen und 7 Faltpläne, kart., DM 9,80

Glückwünsche, Toasts und Festreden zur Hochzeit
(0264) Von Irmgard Wolter, 88 S., kart., DM 4,80

Tauchen
Grundlagen — Training – Praxis
(0267) Von W. Freihen, 144 S., 71 Fotos und Farbtafeln, DM 9,80

Ostfriesenwitze
(0286) Band II: Enno van Rentjeborgh, 80 S., 10 Karikaturen, kart., DM 3,-

Selbst tapezieren und streichen
(0289) Von Dieter Heitmann und Jürgen Geithmann, 96 S., 49 Fotos, kart., DM 5,80

Ikebana Band 1: Moribana — Schalenarrangements
(0300) Von Gabriele Vocke, 164 S., 40 großformatige Vierfarbtafeln, 66 Schwarzweißfotos und Graphiken, gbd., DM 19,80

Kung-Fu II
Theorie und Praxis klassischer und moderner Stile
(0376) Von Manfred Pabst. 160 S., 330 Abb., kart., DM 12,80

Münzen
Ein Brevier für Sammler
(0353) Von Erhard Dehnke, 128 S., 30 Abbildungen – teils farbig –, kart., DM 6,80

Pilze erkennen und benennen
(0380) Von J. Raithelhuber. 136 S., 106 Farbfotos, kart., DM 7,80

Ziervögel in Haus und Voliere
Arten · Verhalten · Pflege
(0377) Von Horst Bielfeld, 144 S., 32 Farbfotos, kart., DM 9,80

Beeren und Waldfrüchte
erkennen und benennen – eßbar oder giftig?
(0401) Von Jörg Raithelhuber, 136 S., 90 Farbfotos, 40 s/w, kart., DM 9,80

Tee für Genießer
(0356) Von Marianne Nicolin, 64 Seiten, 4 Farbtafeln, kart., DM 5,80

Fred Metzlers Witze mit Pfiff
(0368) 120 S., Taschenbuchformat, kart., DM 6,80

Selbst Brotbacken
mit über 50 erprobten Rezepten
(0370) Von Jens Schiermann, 80 S., mit 6 Zeichnungen und 4 Farbtafeln, kart., DM 6,80

Kalorien · Joule
Eiweiß · Fett · Kohlehydrate tabellarisch nach gebräuchlichen Mengen
(0374) Von Marianne Bormio, 88 S., kart., DM 4,80

Flugzeuge
Von den Anfängen bis zum 1. Weltkrieg
(0391) Von Enzo Angelucci, deutsch von E. Schartz, 320 S., mit mehreren hundert Abb., meist vierfarbig, gbd., DM 19,80

Von der Verlobung zur Goldenen Hochzeit
Vorbereitung – Festgestaltung – Glückwünsche
(0393) Von Elisabeth Ruge, 120 S., kart., DM 6,80

Die 12 Sternzeichen
Charakter, Liebe und Schicksal
(0385) Von Georg Haddenbach, 160 S., gbd., DM 9,80

Möbel aufarbeiten, reparieren und pflegen
(0386) Von E. Schnaus-Lorey, 96 S., 104 Fotos und Zeichnungen, kart., DM 6,80

Selbst Wahrsagen mit Karten
Die Zukunft in Liebe, Beruf und Finanzen
(0404) Von Rhea Koch, 112 S., mit vielen Abb., Pbd., DM 9,80

Einkochen
nach allen Regeln der Kunst
(0405) Von Birgit Müller, 96 S., 8 Farbt., kart., DM 7,80

Häschen-Witze
(0410) Gesammelt von Sigrid Utner, 80 S., mit 16 Zeichnungen, vierfarbiger Schutzumschlag, brosch., DM 3,–

Spielend Schach lernen
(2002) Von Theo Schuster, 128 S., kart., DM 6,80

Spiele für Kleinkinder
(2011) Von Dieter Kellermann. 80 S., kart., DM 5,80

Knobeleien und Denksport
(2019) Von Klas Rechberger, 142 S., mit vielen Zeichnungen, kart., DM 7,80

Lirum, larum, Löffelstiel
(5007) Von Ingeborg Becker, 64 S., durchgehend vierfarbige Abbildungen Spiralheftung, DM 7,80

Zimmerpflanzen
(5010) Von Inge Manz, 64 S., 98 Farbabbildungen, Pbd., DM 9,80

Reiten
Vom ersten Schritt zum Reiterglück
(5033) Von Herta F. Kraupa-Tuskany, 64 S., mit vielen Zeichnungen und Farbabb., Pbd., DM 9,80

Die Selbermachers renovieren ihre Wohnung
(5013) Von Wilfried Köhnemann, 148 S., 374 Farbabb., Zeichnungen und Fotos, kart., DM 14,80

Desserts
(5020) Von Margit Gutta, 64 Seiten mit 38 Abbildungen, durchgehend vierfarbig, Pbd., DM 9,80

Bauernmalerei
leicht gemacht
(5039) Von Senta Ramos, 64 S., 78 vierfarbige Abb., Pbd., DM 9,80

Großes Getränkebuch
Wein · Sekt · Bier und Spirituosen aus aller Welt, pur und gemixt
(4039) Von Claus Arius, 288 S., mit Register, 179 teils großformatige Farbfotos, Balacron mit farbigem celloph. Schutzumschlag, Schuber, DM 58,–

Moderne Fotopraxis
Bildgestaltung · Aufnahmepraxis · Kameratechnik · Fotolexikon
(4030) Von Wolfgang Freihen, 304 S., mit 244 Abbildungen, davon 50 vierfarbig, Balacron mit vierfarbigem Schutzumschlag, abwaschbare Polyleinprägung, DM 29,80

Wir spielen
Hundert Spiele für einen und viele
(4034) Von Heinz Görz, 430 S., mit 370 farbigen Zeichnungen, gbd., DM 26,–

Moderne Schmalfilmpraxis
Ausrüstungen · Drehbuch · Aufnahme Schnitt · Vertonung
(4043) Von Uwe Ney, 328 S., mit über 200 Abbildungen, teils vierfarbig, Balacron mit vierfarbigem Schutzumschlag, DM 29,80

Kampfsport Fernost
Kung-Fu · Judo · Karate · Kendo · Aikido
(4108) Von Jim Wilson, dt. von H.-J. Hesse, 88 S., mit 164 farbigen Abb., Pbd., DM 22,–

Balkons in Blütenpracht
zu allen Jahreszeiten
(5047) Von Nikolaus Uhl, 64 S., 82 vierfarbige Abb., Pbd., DM 9,80

Natursammlers Kochbuch
Wildfrüchte und -gemüse, Pilze und Kräuter — finden und zubereiten
(4040) Von Christa-Maria Kerler, 140 S., 12 Farbtafeln, Pbd., mit vierfarbigem Überzug, DM 19,80

Moderne Korrespondenz
(4014) Von H. Kirst und W. Manekeller, 570 S., gbd., DM 39,–

Der praktische Hausarzt
(4011) Unter Mitarbeit zahlreicher Fachärzte, koordiniert von Dr. Eric Weiser
718 Seiten, 487 Abb., und 16 Farbtafeln, nur DM 19,80

Max Inzingers 111 beste Rezepte
(4041) Von Max Inzinger, 124 Seiten, m. 35 Farbtafeln, kartoniert, DM 19,80
(4042) **gebundene** Luxusausgabe DM 26,–

Judo — Grundlagen — Methodik
(0305) Von Mahito Ohgo, 204 S. mit 1025 Fotos, kart., DM 14,80

Sportfischen
Fische – Geräte – Technik
(0324) Von Helmut Oppel, 144 S. mit 49 Fotos, Abbildungen und 8 Farbtafeln, kart., DM 8,80

Katzen
Rassen · Aufzucht · Pflege
(4109) Von Grace Pond und Elizabeth Towe, deutsch von D. von Buggenhagen, 144 S., mit über 100 Farbfotos, Pbd., DM 16,80

Das Aquarium
Einrichtung, Pflege und Fische für Süß- und Meerwasser
(4029) Von Hans J. Mayland. 334 S., mit über 415 Farbabbildungen und Farbtafeln sowie 150 Zeichnungen und Skizzen, Balacron mit vierfarbigem Schutzumschlag, abwaschbare Polyleinprägung, DM 36,–

Hunde-Ausbildung
Verhalten – Gehorsam – Abrichtung
(0346) Von Prof. Dr. R. Menzel, 96 S., 18 Fotos, kart., DM 7,80

Orientteppiche
Herkunft – Knüpfkunst – Echtheitsbestimmung
(5046) Von Horst Müller, 64 S., 62 Abb., durchgehend vierfarbig, Pbd., DM 9,80

Reitpferde
Rassen · Haltung · Reitschule
(4110) Von Pamela McGregor und Hartley Edwards, deutsch von E. Schwarz, 144 S., mit über 100 Farbfotos, Pbd., DM 16,80

Lebensraum Erde
Menschen, Tiere, Pflanzen im Kampf ums Überleben
(4111) Von M. Ross-Macdonald und Robert Allen, deutsche Bearbeitung u. Ergänzung von M. Geisthardt, 288 S., 250 Farbf., gbd., m. Schutzumschl., DM 29,80

Scheidung und Unterhalt
nach dem neuen Eherecht
(0403) Von Rechtsanwalt H. T. Drewes, 104 S., mit Kosten- und Unterhaltstabellen, kart., DM 7,80

Die neue leckere Diätküche
(5034) Von Ulrike Schubert, 64 S. mit 30 Rezeptfotos, Pbd., DM 9,80

Die 11 erfolgreichsten Schlankheitskuren
(5035) Von Pia Pervensche, 64 S. mit 36 Rezeptfotos, Pbd., DM 9,80

Die hier vorgestellten Bücher sind nur eine Auswahl aus unserem großen Ratgeber- und Sachbuchprogramm.
Erbitten Sie unser kostenloses Gesamtverzeichnis.

Falken-Verlag
Postfach 1120
D-6272 Niedernhausen/Ts.